HR – vom administrativen Experten zum strategischen Business-Partner

Doris Dull · Ulrich L. Zischewski

HR – vom administrativen Experten zum strategischen Business-Partner

Mehr Anerkennung und Einfluss für das Personalwesen in Unternehmen

Doris Dull
Convalori
Öhningen, Deutschland

Ulrich L. Zischewski
Convalori
Öhningen, Deutschland

ISBN 978-3-658-47870-4   ISBN 978-3-658-47871-1   (eBook)
https://doi.org/10.1007/978-3-658-47871-1

Die Deutsche Nationalbibliothek verzeichnet diese Publikation in der Deutschen Nationalbibliografie;
detaillierte bibliografische Daten sind im Internet über https://portal.dnb.de abrufbar.

Planung/Lektorat: Ann-Kristin Wiegmann
Springer Gabler ist ein Imprint der eingetragenen Gesellschaft Springer Fachmedien Wiesbaden GmbH
und ist ein Teil von Springer Nature.
Die Anschrift der Gesellschaft ist: Abraham-Lincoln-Str. 46, 65189 Wiesbaden, Germany

Wenn Sie dieses Produkt entsorgen, geben Sie das Papier bitte zum Recycling.

Vorwort

Worum geht es uns mit diesem Buch?

Während des Schreibens unserer bisherigen Bücher haben wir häufig über die Personalfunktion, die Artikel in den sozialen Medien, Marketing-Blogs, HR-Webseiten, Onlineveranstaltungen und die Hypes um einige Personen im Personalbereich gesprochen und kritisch diskutiert. Wir haben diese Veröffentlichungen mit unseren eigenen Erlebnissen während unserer langjährigen Berufspraxis als Personaler und/oder Berater verglichen. Unsere Erkenntnis ist, dass die Personalfunktion von Beratern, die sich selbst als HR-Experten bezeichnen oder einigen selbst ernannten „Top of HR" Personen und deren Promotoren in die falsche Welt der Wichtigkeit gehoben wurde.

Die Realität ist eine andere.

Seit mehr als 50 Jahren ist es der Personalabteilung nicht gelungen, eine eigene Identität zu finden und ihr Berufsbild zu festigen. Bis jetzt hat der Personalverantwortliche eher den Status eines administrativen Experten als eines strategischen Partners. Es gibt natürlich Ausnahmen, die die Regel bestätigen.

Wieso ist es dem Personalwesen jedoch nie gelungen, sich als strategischer Partner im Unternehmen zu positionieren und ringt stattdessen um Akzeptanz und Anerkennung wie keine andere Funktion im Unternehmen? Das Gegenteil ist eher der Fall. HR steht in der Dauerkritik.

Liegt es an der Anmaßung von manchen Führungskräften „Personal kann jeder"? „Wir benötigen keinen Personalleiter". „Personalarbeit machen wir selbst!" Liegt es an den Schwerpunkten, die die Personalfunktion setzt? Lässt man sich von externen Einflüssen, die gerade in Mode sind und nicht in die wirtschaftliche Realität des Unternehmens passen, zu sehr treiben? Liegt es an der Reaktionsgeschwindigkeit auf Veränderungen und den fehlenden strategischen Impulsen, die zur Lösungsfindung beitragen? Oder wie wir immer wieder feststellen, an der mangelnden Voraussicht und Alternativplanung bei sich abzeichnenden Krisen?

Nur wenige Personalverantwortliche haben es geschafft, wirksame Spuren und einen bleibenden Eindruck nach Innen und Außen zu hinterlassen.

An diesen Punkten setzen wir an und belegen, warum der Personalbereich trotz zahlreicher gut gemeinter Ratschläge immer wieder als eine isolierte Funktion von Führungskräften und Geschäftsleitungen wahrgenommen wird.

Mit diesem Anspruch distanzieren wir uns von der üblichen Literatur zum Thema Personalwesen, die entweder neue Themenfelder, Titel oder Organisationsformen für das Personalwesen entwickelt oder neue Trends aufzeigt, die das Personalwesen unbedingt verfolgen muss.

Das Buch beginnt mit einem Rückblick, in dem es nachweist, dass Personalarbeit eine lange Tradition hat und auch ohne die Institution Personalwesen funktioniert. Wie sich die Personalarbeit durch den Einfluss von makroökonomischen Einflüssen weiterentwickelte, wer der Erfinder der Personalabteilung ist, warum und wann sie sich als eigenständige Institution etablierte, beendet den Weg in die Vergangenheit.

Nach der Vergangenheit skizzieren wird die Realität. Wir werden nach Gründen suchen, warum es den typisch deutschen PersonalleiterIn gibt und warum die Personalfunktion überwiegend als Verwaltungsexperte und Kümmerer in der Organisation wahrgenommen wird. Ferner machen wir deutlich, dass durch die zunehmende Vielfalt von Themenfeldern die Personalfunktion in ein Hamsterrad geriet und sich zum Alleskönner entwickelte, der allerdings keine sichtbaren Spuren im

Unternehmen hinterlassen hat. Weder reicht ein neuer Titel noch eine andere Organisationsform als Garant für einen „seat on the table".

Keine Zeit, sich zum Business-Partner zu entwickeln, war immer.

Wir geben Tipps und Empfehlungen, was die Menschen in den Personalfunktionen, aber auch die Unternehmen verändern müssen, damit die Personalfunktion, genauso wie ihre Kollegen und Kolleginnen in den operativen Funktionen, endlich Anerkennung findet, persönlich wie auch fachlich. Dazu fokussierten wir uns auf die Rollen, die Aufgaben und Kompetenzen, die die HR-Funktion in den strategischen Prozessen beherrschen muss, um dem Wunsch und Ziel, ein strategischer Partner zu sein, nahezukommen.

Damit grenzen wir uns erneut von der üblichen Literatur ab, die entweder ein Tool, ein System oder einen Prozess beschreiben.

Wir sind überzeugt von der Botschaft, dass dem Personalwesen einen gleichrangigen „seat on the table" gebührt. Das zwingt zu einer grundsätzlichen Neupositionierung des Personalwesens und dem Verständnis für das Business. Die HR-Funktion muss ein Gespür dafür bekommen, welche Praktiken, Tools oder Systeme in den jeweiligen Phasen des Business-Life-Cycle Sinn stiften. Vorbei ist die Zeit, in der eine nett formulierte HR-Strategie in PowerPoint ausreichte, um von sich behaupten zu können, strategisch zu arbeiten. Denken und Handeln innerhalb des Business-Life-Cycle sind die Zukunft. Wie das funktioniert, beschreiben wir im Herzstück des Buches mit der Überschrift „HR-Praktiken, Rollen und Aufgaben der HR-Funktion im Business-Life-Cycle" – Willkommen in der Zukunft.

Lange Zeit vor uns haben sich herausragende Persönlichkeiten mit der Welt des Personalmanagements beschäftigt. Mit ihren Ideen, Initiativen sowie Konzepten hinterließen sie tiefgreifende Spuren, die bis heute auf die Personalarbeit wirkten. Es waren die Vordenker, die sich intensiv mit Fachthemen auseinandergesetzt haben, immer mit dem Ziel, die Wichtigkeit des Personalwesens zu untermauern. Später kam die Technik hinzu, die die HR-Arbeit veränderte, und die Verbände mit ihren jährlichen Prognosen über die neuesten Herausforderungen für die Personalarbeit. Wir haben sie Influencer genannt, weil diese Menschen auch ohne großen medialen Auftritt eine Menge Follower generiert haben.

Das letzte Kapitel des Buches endet mit einer erneuten Frage: Findet die Zukunft mit oder ohne HR statt? Fakt ist, die Liste der Herausforderungen ist lang. Es ist eine einmalige Chance für das Personalwesen, durch Mut und Entschlossenheit die Transformation zum anerkannten Business-Partner zu vollziehen. Verpassen sie auf den Zug der Veränderung aufzuspringen, findet die Zukunft ohne HR statt und der Ruf nach Anerkennung bleibt ungehört.

Im Januar 2025   Ulrich L. Zischewski
                                                                Doris Dull

Inhaltsverzeichnis

1

Keine Zukunft ohne Herkunft

Zusammenfassung Personalarbeit hat eine lange Tradition und ist lange Zeit auch ohne die Institution Personalabteilung gelungen. Personalarbeit ist die Arbeit mit den Menschen im Betrieb und die Gestaltung der Rahmenbedingungen (Remer und Wunderer im Personalarbeit und Personalleiter im Großunternehmen. Ein Forschungsbericht, Duncker & Humblot, Berlin, S. 9, 1979). Bereits in der Antike, im Mittelalter und in der ersten industriellen Revolution praktizierte man wie selbstverständlich Personalarbeit. In der Antike lag die Personalarbeit in den Händen der Baumeister, im Mittelalter waren es die Zünfte, die Handwerksbetriebe oder die Adelsfamilien, die Personalarbeit für sich beanspruchten. In der ersten industriellen Revolution übernahmen die Fabrikbesitzer oder deren Aufseher die Personalarbeit. Sie legten die Arbeitsbedingungen fest und entschieden über Einstellungen und Entlassungen der FabrikarbeiterInnen. In der zweiten industriellen Revolution änderte sich diese Vorgehensweise wenig. Allerdings nahm die Personalarbeit strukturelle Formen an. Größere Betriebe führten Sozialleistungen ein, als Ausgleich für die schlechten Arbeitsbedingungen, aber auch um Gewerkschaften aus den Firmen fernzuhalten. In den Nachkriegsjahren bis hin zur dritten industriellen Revolution durchlief die Perso-

D. Dull und U. L. Zischewski, *HR - vom administrativen Experten zum strategischen Business-Partner*, https://doi.org/10.1007/978-3-658-47871-1_1

nalarbeit viele Phasen. Einmal war es die betriebliche Partnerschaft, das „Wir" Gefühl, das Unternehmen erreichen wollten, dann war es der Human-Relation-Ansatz gefolgt vom Human-Ressource-Modell und die Einführung verschiedener Management-Systeme zur Steigerung von Effizienz und Produktivität. Personalarbeit ist daher kein Selbstzweck, sondern unterliegt dem unternehmerischen Ziel. Dabei ist zu berücksichtigen, dass unterschiedliche Determinanten die Personalarbeit beeinflussen. Die Personalabteilung übernahm zwischen dem Ende des 19. Jahrhunderts und Anfang des 20. Jahrhunderts einen Teil der Personalarbeit, als durch den technischen Fortschritt diese vom Unternehmer selbst nicht mehr gehändelt werden konnte. Erst viele Jahre später schaffte es die Personalabteilung durch bestimmte Zwänge zu einer eigenständigen und selbstständigen Institution aufzusteigen zum Leidwesen der Linienverantwortlichen.

1.1   Das betriebliche Personalwesen

Das betriebliche Personalwesen, Remer und Wunderer (1979) nennen es Personalarbeit, ist mehr als die Arbeit mit den Menschen in einem Betrieb, sondern umfasst die Gestaltung der Rahmenbedingungen (Remer & Wunderer, 1979, S. 9). Für diesen Zweck benötigt ein Betrieb grundsätzlich keine eigene Personalabteilung, wie Sie im weiteren Verlauf dieses Werkes erfahren. Potthoff (1974, S. 9), der ein komplettes Buch dem Thema betriebliches Personalwesen gewidmet hat, entschlüsselte den Begriff annähernd gleich wie die Wissenschaftler Remer & Wunderer, nämlich:

„Betriebliches Personalwesen ist nunmehr zu definieren als die für die Erfüllung der betrieblichen Aufgabe erforderliche Gesamtheit von Maßnahmen, die zur Behandlung der im Betrieb tätigen Menschen erforderlich sind".

Unklar bleibt, wann der Begriff „betriebliches Personalwesen" entstanden ist und wer ihn ins Leben gerufen hat. Vermutlich waren es die Finanzleute, die den Begriff geprägt haben in Anlehnung an Bezeichnungen wie Rechnungswesen, Finanzwesen, Materialwesen usw. Denn für die Betriebswirtschaftler war die Personalarbeit lediglich ein Kostenfaktor im Produktionsprozess.

Viele der bekannten und klassischen Aufgaben wie Personalplanung, Personalbeschaffung, Arbeitsüberwachung, Ausbildung, Entlohnung, Anforderungsanalysen oder Stellenbeschreibungen zählten Potthoff (1974) und Remer und Wunderer (1979) zu den Grundlagen des betrieblichen Personalwesens. Die Aufgaben erfüllten entweder spezielle Fachabteilungen oder übernahmen unterschiedliche funktionale Abteilungen. Es ging schließlich um Personalführung (Remer & Wunderer, 1979).

Die Personalabteilung fungierte zu diesem Zeitpunkt lediglich als reine Verwaltungsstelle, was für die Weiterentwicklung der Personalarbeit kein Problem darstellte.

1.2 Die Geschichte der Personalarbeit von der ersten bis zur dritten industriellen Revolution

Schon lange vor der Industrialisierung und der ersten industriellen Revolution fand Personalarbeit statt. Denken wir einmal zurück in die Zeit der Antike und an den Bau der Pyramiden. Tausende Menschen bauten unter fachkundiger Bauleitung an diesem komplexen und imposanten Gebilde. Die verantwortliche Projektleitung bestimmte über das Fachwissen, das zu einem bestimmten Zeitpunkt zum Einsatz kommen musste. Heute würde man es qualitative Bedarfsplanung nennen. Das Know-how der Steinmetze, Steinbrecher, Schmiede, Schreiner, Schlepper, um nur einige zu nennen, teilten die Bauleiter zielgenau ein (Personaleinsatzplanung).

Dabei ist zu betonen, dass es eine Meisterleistung gewesen sein muss, Tausende Arbeiter zu koordinieren. Ich behaupte, gute Führungseigenschaften spielten für das Gelingen eine große Rolle. Die leitenden Ingenieure hatten es in der Hand, die richtigen Kaliber für den Bau dieses gigantischen Gebäudes zu rekrutieren, anzuweisen und zu überwachen.

Neben den Fachkräften arbeiteten zusätzlich ungelernte Helfer befristet oder unbefristet im Wechsel. Als Entlohnung erhielten sie Naturalien und eine Unterkunft (Löhner & Zuberbühler, 2006).

Im Mittelalter waren es die Adelsfamilien, in denen Personalarbeit stattgefunden hat. Knechte, Mägde, Köche, Zimmermädchen, Zofen oder Butler standen in einem abhängigen Arbeitsverhältnis. Anweisungen, Anleitungen, Aufgaben erhielten sie von einem Ranghöheren, der sie tadelte oder lobte, wenn sie die aufgetragene Arbeit sorgfältig oder nicht erledigten. Arbeitszeit und Arbeitsbedingungen waren nicht diskutierbar. Die Entlohnung erfolgt, was der Dienst- oder Hausherr als angemessen bewertete. Wie heute gab es Entlassungen, die jedoch eher emotional passierten. Ähnliches geschah in den Handwerksbetrieben oder in den Zünften. Über Jahrhunderte hinweg änderte sich nichts Wesentliches an dieser Art von Personalarbeit (Goossens, 1959, S. 23).

1.2.1 Personalarbeit in der ersten industriellen Revolution

In Deutschland begann die erste industrielle Revolution etwa im Zeitraum um 1830. Ein Datum, das gerne erwähnt wird im Kontext des Baus der ersten Eisenbahn und des Siegeszuges des Maschinenbaus in den Fabriken.

Als die Bauern und später die Handwerker in die Fabriken einzogen, entstand eine neue Arbeiterklasse.

Die Personalarbeit lag in den Händen der Fabrikbesitzer oder deren Aufseher. Frauen, Männer und Kinder wurden vom Fabrikbesitzer persönlich eingestellt. Die Einstellungskriterien reduzierten sich auf wenige Merkmale, wie die Bereitschaft zu langen Arbeitszeiten, Akzeptieren von niedrigen Löhnen, Akzeptieren von schlechten Arbeitsbedingungen, gute Gesundheit und Belastbarkeit. Klingt fast identisch nach den Anforderungsmerkmalen, die heute noch in vielen Stellenbeschreibungen zu lesen sind (bis auf das Merkmal schlechte Arbeitsbedingungen). Kinder wurden gerne für leichtere Arbeiten eingestellt. Rekrutiert wurden sie aus den Armenhäusern. Eine Kommission verhängte Rahmenbedingungen als Empfehlung für Kinderarbeit, die die tägliche Arbeitszeit, Pausen, Nachtschichten und bezahlte Überstunden festlegten.

Aufseher in den Betrieben hatten keine Skrupel, Kinder zu schlagen oder zu misshandeln, wenn sie ihr Arbeitspensum nicht schafften oder vor Müdigkeit einschliefen. Sie wussten ja, dass die Familien auf den Lohn der Kinder angewiesen waren, da die Mütter oder Väter selbst nur ein mageres Einkommen hatten (schule-bw). Aufzeichnungen belegen, dass in den Fabriken die Belegschaft bis zu 50 % aus Kindern bestand. (schule-bw; Haradhan, 2019).

Frauen, die in den Fabriken arbeiteten, verdienten das 2–3-fache weniger als die männlichen Kollegen, was bedeutet, dass pay-gap eine Tatsache ist, die seit hunderten Jahren bis zum heutigen Zeitpunkt nahezu unverändert auftaucht.

Personalarbeit, wie sie während der ersten industriellen Revolution praktiziert wurde, ist menschenverachtend. Es gab zwei Kategorien: den Unterdrücker und die Unterdrückten. Die Betreiber von Produktionsbetrieben nutzten die Not der Menschen schamlos aus, um sich selbst zu bereichern. Schlechte Bezahlung, lange Arbeitszeiten, wenig Pausen, Arbeitsbedingungen, die überwiegend Kindern frühzeitig den Tod brachten, ließen sie lange Zeit unberührt, bis die Menschen anfingen, sich zu wehren. Die ersten kleineren Unruhen begannen in Deutschland im Jahre 1830 und fanden ihren Höhepunkt im Jahre 1848. Auf die Unruhen wird an dieser Stelle nicht weiter im Detail eingegangen. Die Anmerkung dient lediglich dazu aufzuzeigen, dass ein möglicher Zusammenhang besteht zwischen schlechter Personalarbeit, politischen Entscheidungen, wie die Ratifizierung von neuen Gesetzen zur Abmilderung von sozialen Ungerechtigkeiten, zur Verhinderung von Revolten und sozialen Unruhen.

Schlechte Personalarbeit war der Nährboden für die Bildung von Gewerkschaften und die Spaltung der Gesellschaft.

1.2.2 Personalarbeit in der zweiten industriellen Revolution

Der Zeitraum der zweiten industriellen Revolution umfasst eine Spanne zwischen 1870 und 1930 und war geprägt vom technischen Fortschritt, der Massenproduktion sowie bahnbrechenden Erfindungen, die die Fabrikbesitzer im Wesentlichen selbst austüftelten. Die Personalarbeit lag weiterhin in der Verantwortung der Fabrikbesitzer oder deren Vertreter und war reduziert auf Einstellungen, Anlernen und Entlohnung. Somit kann davon ausgegangen werden, dass die Menschen in den Fabriken weiterhin lediglich als Produktionsfaktor behandelt wurden, die dafür sorgen mussten, dass Effizienz und Produktivität bei der Herstellung der Produkte erreicht werden. Als Ausgleich für die langen Arbeitszeiten, schlechter Entlohnung und gesundheitsschädlichen Arbeitsbedingungen begangen einzelne Betriebe, die Menschen als soziale Wesen zu wahrzunehmen und führten die Bezahlung von betrieblichen Sozialleistungen ein.

Nachfolgend einige konkrete Fallbeispiele über Personalarbeit von bekannten deutschen Unternehmen im 19. Jahrhundert.

Andreas Luh (2015) untersuchte unter anderem die Sozialpolitik bei Siemens insbesondere die Anfänge des Betriebssports und schrieb dazu in seinem Artikel, dass „in Berlin-Siemensstadt eine Kommission für soziale Angelegenheiten in der Siemens-Hauptverwaltung im Rahmen einer patriarchalisch-fürsorglich ausgerichteten betrieblichen Sozialpolitik ein zusammenhängendes System von ‚Wohlfahrts'- und Freizeiteinrichtungen einrichtete. Hierzu gehörten Werks-Kantinen, Konsum- und Badeanstalten, Werksbüchereien und Werkskindergärten, der systematische Bau von Werkswohnungen nach einer umfassenden architektonischen Gesamtkonzeption, die Verteilung einer Werkszeitschrift und die Schaffung von Unterstützungskassen bei Invalidität und Todesfällen" (Luh, 2015).

Weiterhin fand Luh heraus, dass Siemens eine Sportanlage errichtete, die dem Kreis der Angestellten zur Verfügung stand. Gefördert werden sollte das Vereinswesen. Heute würde man es Teamaktivitäten nennen zur Stärkung des Zusammengehörigkeitsgefühls.

Siemens gehörte zu den Arbeitgebern, die schon sehr früh bevorzugt Frauen in der Produktion einsetzte. Glaubt man den Aufschreibungen, arbeiteten um 1900, 550 Kolleginnen mit „nur" noch 90 Kollegen zusammen (InstituteSiemensHistorical, 2020). Gleichzeitig stieg der Anteil der Frauen im Angestelltenbereich. Dass Frauen für das Unternehmen Siemens mehr waren, als Produktionsmitarbeiterinnen zeige sich durch die besonderen Sozialleistungen wie Unterstützung für alleinstehende Mütter und finanzielle Hilfen. Festangestellte Fabrikpflegerinnen standen ab 1911 im direkten Kontakt mit den Arbeiterinnen und unterstützen sie. Beispiellos sind die weiteren sozialen Einrichtungen wie die Beteiligung an ein Arbeiterinnenheim, ein Siemens-Kinderheim, in dem die Kinder von ledigen Müttern während der Arbeitszeit betreut wurden, sowie eine Erholungsstätte für alleinstehende Frauen (InstituteSiemensHistorical, 2020).

Respekt kann man nur sagen und: bitte nachmachen.

Den Facharbeitermangel entgegnete Siemens in den 1930er Jahren mit eigenen Ausbildungsgängen für Frauen. Frauenpower zu nutzen zieht sich bis heute durch die Firmengeschichte von Siemens.

Weiter geht es mit einem Blick hinter den Werkstoren der Betriebe Krupp, Bosch, und der Esslinger Maschinenfabrik, um zu erfahren, wie diese Betriebe um die Jahrhundertwende Personalarbeit in der Praxis praktizierten. Vielleicht möchten Sie wissen: Warum gerade diese Unternehmen ausgewählt wurden?

1. Weil die genannten Unternehmen, genauso wie die Firma Siemens, mit ihren Produkten oder Fabrikkonzepten maßgeblich den Zeitgeist der zweiten industriellen Revolution prägten.
2. Weil aus den recherchierten historischen Aufzeichnungen Personalarbeit wunderbar abgeleitet werden kann.

Ob es sich hierbei um Ausnahmen handelt oder um gelebte Praxis für andere Branchen oder Betriebe, dazu fehlen empirische Vergleichsstudien.

Starten wir mit der Firma Krupp, ein Unternehmen, das mit der Herstellung von Gussstahl einen großen Bekanntheitsgrad erreicht hat. Der Patriarch Alfred Krupp leitete das Unternehmen. Seine Mitarbeiter nannte er „Kruppianer". Er verkörperte einen modernen Unternehmertyp, der sein Unternehmen mit ständig neuen Produkten und Verfahren schnell wachsen lässt. Als er das Unternehmen übernahm, beschäftigte er 6 Arbeiter, bei seinem Tod waren es 20.000 (WDR, 2020). Ihm wird nachgesagt, dass er über seine Arbeiter wachte, sie allerdings auch ständig kontrollierte und mit Anweisungen und Vorschlägen bombardierte.

Im Gegenzug sorgte er dafür, dass seine Arbeiter genug verdienen, sozial abgesichert sind durch eine Kranken- und Pensionskasse, baute Werkswohnungen, schaffte Bildungseinrichtungen, ein eigenes Krankenhaus, eine Badeanstalt und ermöglichte ihnen, in der firmeneigenen Supermarkt-Kette günstig einzukaufen.

Diese Annehmlichkeiten kenne ich selbst noch aus eigener Erfahrung, wo in einem großen Konzern der Elektroindustrie, in dem ich meine berufliche Karriere startete, die MitarbeiterInnen ihre Einkäufe auf dem Firmengelände erledigen konnten. Selbstverständlich während der Arbeitszeit.

Für Alfred Krupp waren Werte wichtig wie Treue, Ehre, Rechtsgefühl und Wahrhaftigkeit. Wer nicht danach handelte, wurde entlassen. Krupp erwartete von seinen Mitarbeitern keine gewerkschaftlichen oder sozialdemokratischen Bewegungen als Gegenleistung dafür, dass er alles daran setzte, Arbeitsplätze zu erhalten.

Je größer und komplexer die Unternehmensstruktur im Laufe der Jahre wurde, desto mehr verlor Krupp die Kontrolle über seine „Gemeinschaft" und begann mit der Entwicklung von Regelwerken, Grundsätzen und Bestimmungen, damit die Geschäfte in seinem Sinne geführt werden. Sein „Purpose-Statement" lautete: „In der Fabrikation ist stets das Ausgezeichnete und möglichst Vollkommene" zu leisten.

Nach Ende des Ersten Weltkrieges musste er die Hälfte der Belegschaft entlassen und seine Produktpalette neu aufstellen. Er rief die Belegschaft auf, an einem Ideenwettbewerb für neue Produkte teilzunehmen. Alfred Krupp war trotz der Nähe zu „seinen Arbeitern" ein Patriarch durch und durch. Er bestimmte alleine über Grund und Boden, was in seiner Fabrik vor sich ging und er machte die Personalarbeit.

Ein ähnliches Kaliber wie Alfred Krupp war Robert Bosch, der Erfinder von Magnetzünder für Automobile.

Ein Zitat von ihm: „Es war ferner bei mir ständiger Grundsatz, mir willige Mitarbeiter heranzuziehen, und zwar dadurch, dass ich jeden möglichst weit selbstständig arbeiten ließ, ihm dabei aber auch die entsprechende Verantwortung auferlegte." Robert Bosch, 1918 (Siegel, Jahr unbekannt)

Siegel beschreibt Robert Bosch in ihrem Artikel als einen sozial denkenden Unternehmer, dem es wichtig war, seine Mitarbeiter entsprechend ihren Fähigkeiten einzusetzen und Potenziale zu fördern. Diese positive Eigenschaft ist leider vielen Führungskräften von heute verloren gegangen. Für Robert Bosch waren es seine „Mit-Arbeiter", die in die Unternehmensabläufe eingebunden waren und keine Lohnempfänger. Großen Wert hat er gelegt auf Sauberkeit am Arbeitsplatz und Qualität bei der Herstellung der Produkte und er konnte bei Nichtbeachten schon mal laut werden, was ihm die Belegschaft aber nicht übel nahm. Für sie war er der „Vater" Bosch. Wie bereits erwähnt, nichts war für Robert Bosch wichtiger, als gute Qualität zu liefern. Dafür verbürgte er sich mit seinem Namen. Er sorgte dafür, dass die Mitarbeiter hierfür die notwendigen Ressourcen erhielten, einwandfreies Werkzeug, gutes Rohmaterial und reibungslose Fertigungsprozesse. Wer gute Leistung und saubere Arbeit lieferte, durfte bleiben. Bereits die Lehrlinge erhielten in der im Jahre 1913 eingerichteten Lehrlingswerkstatt eine dementsprechende Ausbildung.

Siegel lobt in ihrem Artikel die vorbildlichen Arbeitsbedingungen und das gute Arbeitsklima im Unternehmen und dass Robert Bosch der erste Unternehmer war, der den Achtstundentag einführte. Er erkannte, dass die Mitarbeiter in Achtstunden effektiver und motivierter arbeiteten (Siegel, Jahr unbekannt).

Die Geschichte von Robert Bosch hat mich als ehemalige HR-Verantwortliche tief beeindruckt. Er praktizierte vor mehr als 100 Jahren eine Personalarbeit, wie aus dem Lehrbuch, obwohl es damals, meines Wissens, noch keine einschlägige Literatur gab, die ihn mit guten Beispielen und Ideen versorgte. Vielleicht legten er und Alfred Krupp mit ihrer Personalarbeit den Grundstein für die ersten Kapitel eines Personal-Management-Handbuches.

Als nächstens öffnen wir die Werkstoren der Esslinger Maschinenfabrik und lassen uns überraschen, wie dieser Betrieb im vorherigen Jahrhundert Personalarbeit betrieben hat.

Personalarbeit in der Esslinger Maschinenfabrik
Gegründet wurde die Maschinenfabrik im Jahre 1846 zum Bau von Lokomotiven und Eisenbahnwagen. Es war die Antwort auf die Frage, eine vom württembergischen König eingesetzte Kommission, Möglichkeiten zu finden, sich am Eisenbahnbau zu beteiligen (Schomerus, 1977, S. 57). Am Tag der

Fertigstellung der Fabrik beschäftigte man 450 Arbeiter. Die Direktion legte viel Wert darauf, Arbeiter zu rekrutieren, die im näheren Umfeld von Esslingen ansässig waren. Keßler, der 1. Direktor der Fabrik, verpflichtete sich, besonders bedürftige Esslinger Bürger bei der Stellenvergabe den Vorzug zu geben. Fehlende Fachkräfte aus dem Umfeld rekrutierte Keßler persönlich aus nicht württembergischen Betrieben. Die Konditionen für die Arbeitsleistung legte er fest sowie die Erstattung der Reisekosten. Die industrielle Krise der Maschinenindustrie in Deutschland löste eine erhöhte Mobilität der Arbeiter aus, sodass in der Maschinenfabrik in Esslingen überproportional viele nicht württembergische Arbeiter zu finden sind. „Fremde" nannte man sie. Aus den Schilderungen von Schomerus (1977) entnehme ich, dass die Rekrutierung von „Fremden" zu einer erhöhten Fluktuation bei den Berufsgruppen der Schlosser, Dreher und Schmiede führte, was die Firmenleitung dazu veranlasste, keine Auswärtigen mehr für diese Berufsgruppen einzustellen (Schomerus, 1977, S. 77).

Die Arbeitsbedingungen bei der Esslinger Maschinenfabrik waren optimal. Große Fenster sorgten für ausreichendes Tageslicht. Für die dämmrigen Morgen- und Abendstunden standen den Arbeitern Öllampen als Leuchtmittel zur Verfügung, für deren Instandhaltung sie selbst verantwortlich waren. Es gab eine firmeninterne Lehrlingsausbildung speziell für Berufsgruppen mit hohen Anforderungen an die Qualifikation. Aus den Personalbüchern konnte entnommen, werden, dass es 39 unterschiedliche Lohngruppen gab, die Bezahlung aber eher individuell erfolgte. Eine dringend benötigte Fachkraft gehörte zu den Spitzenverdienern. Zu den Spitzenverdienern zählten die Fabrikleitung, seine ihm unterstellten Direktoren sowie die Konstrukteure. Ausbezahlt wurde Lohn und Gehalt für alle Berufsgruppen einmal im Monat, berechnet nach den geleisteten Arbeitstagen, wobei die Arbeiter entweder im Stundenlohn oder Stücklohn bezahlt wurde. Eine schriftlich fixierte Anordnung regelte detailliert die Bezahlungsmodalitäten, einschließlich der Lohnabzüge wie Beiträge zur Kranken- und Invalidenversicherung, Barvorschüsse, Pfändungsbeträge oder eventuelle Strafzahlungen. Für geleistete Überstunden erhielten die Arbeiter einen Zuschlag von 25 % auf den vereinbarten Stundenlohn für Nacht- und Sonntagsarbeit und Arbeit an gesetzlichen Feiertagen einen Zuschlag von 50 % (Schomerus, 1977, S. 322).

Bis heute, nahezu 200 Jahre später, findet man in vielen Tarifverträgen dieselben Entgeltregelungen. In wirtschaftlich schwierigen Zeiten gab es immer wieder Versuche, diese Erschwerniszulagen wenigstens temporär auszusetzen, was guten HRlern auch gelang.

Im Jahr 1871 verkündete der technische Direktor Adolf Groß die Verkürzung der Arbeitszeit von 11 h auf 10 h ohne Lohnkürzungen (Schomerus, 1977, S. 139). Zwei Jahre zuvor, im Jahre 1869, beschloss der Aufsichtsrat die Gründung einer Arbeiterunterstützungskasse und Pensionskasse, mit dem Ziel, Gewerkschaftsaktivitäten der Arbeitnehmer einzudämmen. Eine zum Beitritt verpflichtende Krankenkasse wurde 1846 ins Leben gerufen. Ansprüche aus den firmeninternen Sozialleistungen unterlagen einem strengen Reglement. Weitere Sozialzuwendungen, die vorzugsweise den Angestellten zugutekamen, wie Miet- und Heizungszuschüsse, Tantiemen und Prämien, teilte die Belegschaft in zwei Klassen. Um dies zu verschleiern, erhielten die Arbeiter im selben Auszahlungszeitraum ein zusätzliches Monatsentgelt, das der Arbeitgeber in den Monaten zuvor als Sicherheit einbehielt.

Ein fest angestellter Betriebsarzt, der persönlich von Keßler, dem ersten Direktor, einen Anstellungsbrief erhielt, bekam den Auftrag, sich um die erkrankten Arbeiter und Angestellten zu kümmern. Die Vergütung des Betriebsarztes erfolge auf Basis der Anzahl der im Betrieb Beschäftigten.

Besonders erwähnenswert sind die klar geregelten Aufstiegsmöglichkeiten, die Anlernzeiten und die Chance zur Weiterqualifizierung. Während der Anlernzeit von zwei Jahren erhielten die Arbeiter etwa 20 % geringeren Lohn, danach erlangten sie die Berechtigung am Akkordlohn teilzunehmen bis zur Altersgrenze zwischen dem 40. und 55. Lebensjahr. (Schomerus, 1977, S. 148 f.).

Während der Krisenzeiten kippte man die Möglichkeit, im Akkord mehr zu verdienen. Hinzu kam, dass der Betrieb sich strukturell stark veränderte. Verwaltung und Bürokratie stiegen sprunghaft an, unter anderem das Verhältnis Angestellte zu Arbeiter von 1:25 zu 1:9, was bedeutete, die Arbeiter verloren während der Krise ihren Arbeitsplatz zugunsten der Angestellten.

Die unsichere Geschäftsentwicklung beschleunigte die Fluktuation bei den Arbeitern; die Einstellungsvoraussetzungen für die Angestellten änderten sich gravierend, was eine Verschiebung des Eintrittsalters nach sich zog. Angestellte und Arbeiter erhielten nunmehr unterschiedliche Sozialleistungen. Mit der zunehmenden Trennung von Angestellten und Arbeitern und den allgemeinen Rationalisierungsmaßnahmen verschärfte man die Kontrolle der Arbeitsabläufe, der Arbeitszeiten durch Portier und Werksmeister und die Arbeiter erhielten eine Fabriknummer, die im Lohnbüro geführt wurde. Zum ersten Mal wurde die Funktion Lohnbüro erwähnt (Schomerus, 1977, S. 199), das die Befugnis bekam, Arbeiten, die bisher in das Aufgabengebiet der Meister fielen, zu übernehmen. Somit wurden diesen die Möglichkeit genommen, individuelle Vergünstigungen für Überstunden, Arbeitszeit oder Akkordarbeiten zu gewähren. Es war der Beginn der Werkstattbüros, später Werkstattschreiberinnen. In einem Rundschreiben vom Juni im Jahre 1906 untersagte man den direkten Kontakt zwischen den technischen Büros und den Werkmeistern ohne Einbeziehung der Werkstättenbüros.

Mit der Beschneidung der Kompetenzen der Werkmeister und der sprunghaft ansteigenden Verwaltung nahmen gleichzeitig die Anzahl der Reglements zu. Entscheidungsfreiheiten begrenzte man, die Kommunikationswege wurden undurchsichtig, Unpersönlichkeit und Anonymität nahmen zu. Eine gemeinsame Firmensolidarität gab es nicht mehr. Die Alterskluft zwischen Angestellten und Arbeitern führte zu einem Generationskonflikt. Aber nicht nur das, konfliktbehaftet entwickelte sich ebenfalls die Zusammenarbeit zwischen Arbeiterschaft und Angestellten.

Zum Abschluss erhalten Sie eine Übersicht über Verordnungen, die vor nahezu 200 Jahren in der Maschinenfabrik Esslingen die Personalarbeit regelte: Es war die Fabrik-Ordnung vom 1. August 1846. Hier einige Auszüge:

„Art. 1: Jeder angestellte Arbeiter ist gehalten, sich mit einem polizeilichen Arbeitsbüchlein zu versehen, und dasselbe bei seinem Eintritt dem Aufseher seiner Werkstätte abzugeben".

Art. 2: „Die Arbeitszeit ist für das ganze Jahr folgende: Von sechs Uhr morgens bis zwölf Uhr mittags, von ein Uhr mittags bis sieben Uhr abends, mit Ausnahme des Montags nach einem Zahltag, wo die Arbeitsstunden folgende sind, von sechs Uhr morgens bis zwölf Uhr mittags".

Art. 3: „Tage, an denen nicht gearbeitet wird, sind folgende: 1. die Sonntage und üblichen Feiertage, 2. Fastnachtsdienstag". […]

Art. 5: „Während der Arbeitsstunden darf kein Arbeiter ohne Erlaubniskarte die Fabrik verlassen. Diese Erlaubniskarten sowohl zum Ein- als Austritte sind unter Angabe des Grundes vom Aufseher der Werkstätten zu verlangen".

Art. 6: „Für jedes Versäumnis, der im Art. 2 bestimmten Arbeitszeit wird dem Arbeiter so viel von seinem Lohn abgezogen, als der Verdienst in der versäumten Arbeitszeit betragen hätte. Ausgenommen sind Krankheitsfälle, worüber der Fabrikdirektor eine Bescheinigung zu geben hat, sowie ferner dringende Geschäfte, welche jedoch dem Aufseher anzuzeigen sind, und wovon sich derselbe nötigenfalls zu überzeugen hat". […]

Art. 11: „Das Raufen in den Werkstätten und überhaupt im ganzen Etablissement ist strengstens verboten. Der Zuwiderhandelnde unterliegt einem Abzug von 30 Kreuzern. Wird ein Betrunkener im Etablissement angetroffen, so wird derselbe für die Dauer des Tages aus demselben verwiesen und um 1 fl bestraft". […]

Art. 14: „Jedem Arbeiter ist es zur strengen Pflicht gemacht, seinen Vorgesetzten pünktlich Folge zu leisten und deren Anordnungen in Betreff der Arbeit, Behandlung der Werkzeuge zu vollziehen. Derjenige, welcher schlechte Arbeit liefert, wird mit einem der Beschaffenheit der Arbeit angemessenen Abzug unterworfen, oder er kann angehalten werden, die fehlerhafte Arbeit durch gute wieder zu ersetzen, ohne hierfür eine Bezahlung ansprechen zu können. Ebenso wird derjenige bestraft, welcher fehlerhafte oder zerbrochene Stücke verwendet. Überhaupt ist es jedem Arbeiter zur strengen Pflicht gemacht, Fehler an den in Händen habenden Stücken oder Materialien dem Aufseher anzuzeigen. Wer dies unterlässt. kann für den daraus erwachsenden Schaden verantwortlich gemacht werden".

Art. 15: „Jeder Arbeiter ist für die ihm übergebenen allgemeinen Werkzeuge, Materialien, Pläne und Zeichnungen verantwortlich, und hat dieselben nach ihrem Gebrauch an die dazu bestimmten Orte abzuliefern". […]

Art. 17: „Wer ohne Erlaubnis Zeichnungen und Pläne aus der Fabrik mit nach Hause nimmt, hat einen Abzug von 5 fl zu gewährleisten.

Ebenso ist es auch jedem Arbeiter bei Vermeidung eines Abzugs von zwei fl untersagt, für sich oder andere Leute Nebenarbeiten ohne Erlaubnis des Aufsehers zu machen". […]

Art. 23: „Sämtliche bemerkte Abzüge fallen, insofern dieselben nicht als Ersatz für verdorbene Arbeit oder Materialien, oder für beschädigte Werkzeuge sind, der Krankenkasse anheim, über welche Kasse besondere Statuten bestehen. Zu dieser Krankenkasse hat jeder Arbeiter beizutragen". […] (Schomerus, 1977, S. 315 ff.).

Daneben existierte ein Reglement für die Aufseher der Maschinenfabrik vom Oktober 1846. In 20 Paragrafen sind die Rechte und Pflichten der Aufseher geregelt. Dieses Regelwerk erinnert stark an eine detaillierte Aufgabenbeschreibung.

In einem weiteren Dokument mit der Bezeichnung Arbeitsordnung von 1910, das die bisherige Arbeitsordnung ersetzt, genauer gesagt ergänzt, spricht man erstmals von Arbeitern und Arbeiterinnen. Das Regelwerk legt die Einstellungsmodalitäten fest, die benötigten Papiere, die beim Arbeitseintritt vorzulegen sind, Beginn und Aufhebung des Arbeitsverhältnisses. Gesondert festgeschrieben hatte die Fabrikleitung Regelungen der Arbeitszeit wie wöchentliche und tägliche Arbeitsstunden, Beginn und Ende der Arbeitszeit, Pausen, Bezahlung und Arbeiten an Sonn- und Feiertagen, die Vergütung von Mehrarbeit, Verlassen des Fabrikgeländes während der Arbeitszeit und vieles mehr. Daneben existierten noch die allgemeinen Verhaltensvorschriften, das Ausführen der Arbeiten, die Abrechnung der Löhne und Gehälter und in welchen Fällen Ordnungsstrafen anfallen. Das Ganze datiert vom 17. März 1910. Mit dieser Vielzahl von Verordnungen, Richtlinien und Anweisungen war der Bürokratismus für die Arbeit am Personal gesetzt.

1.2.3 Personalarbeit in den Nachkriegsjahren und der dritten industriellen Revolution

Nachdem die Betriebe in den neuen Bundesländern in den 1945er Jahren ihren „Normalbetrieb" wieder aufnahmen, setzte sich das Familiendenken mit einem starken „Wir" Gefühl fort. Es waren die vor Kriegsbeginn gelebten Werte des Fabrikbesitzers, die die Arbeiter uneingeschränkt unterstützten und lebten. Für den Wiederaufbau benötigten die Unternehmen das Wissen und die Erfahrung ihrer Stammbelegschaft. Angesichts dessen rekrutierte man ausschließlich interne Bewerber für Führungspositionen oder ersetzte sie mit Familienmitgliedern. Kein Fremder sollte die Traditionen brechen. Die Personalarbeit erlebte einen Wandel, indem die Menschen nicht mehr von der Objektbetrachtung her, sondern von der Subjektbetrachtung gesehen wurden. Gleichzeitig erhielt die Werkgemeinschaft die Bezeichnung: betriebliche Partnerschaft, die mit einer klaren Zielsetzung im Zusammenhang stand, die Trennung von Arbeits- und Lebenswelt abzubauen. Die deutschen Manager studierten im Rahmen eines Wiederaufbauprojektes durch die USA in amerikanischen Betrieben Managementmethoden sowie den Human-Relations-Ansatz, der die zwischenmenschlichen Beziehungen im Unternehmen verbessern sollte, um die Leistungsbereitschaft der Beschäftigten zu steigern. Im Vordergrund stand, die Mitarbeiter als Individuen zu respektieren (Jungkind, 2007, S. 31).

Um das zu erreichen, schaffte man die Möglichkeit zu Diskussionsrunden, Gruppengesprächen, die Schaffung eines guten Betriebsklimas und anderen Wohlfahrtaktivitäten. Leistung durch Zufriedenheit hieß die Devise. Der neue amerikanisierte Managementstil beeinflusste auch die Kommunikation mit den Mitarbeitern. In den Werkszeitungen erfuhren sie offen und ausführlich, welche neue Denke zukünftig in den Betrieben Vorrang hatte, die Nachahmung amerikanischer Leitbildern. Ein weiterer positiver Aspekt, der mit dem Human-Relation-Grundsatz heranreifte. ist die Ausweitung der betrieblichen Sozialpolitik in den Unternehmen. Zusätzlich zu den Ende des 19. Jahrhunderts eingeführten Sozialleistungen, die mit verbesserten Konditionen weitergeführt wurden, entschlossen sich Unternehmen wie Siemens, Hoesch, die Anker-Werke, Daimler-Benz zu weiteren Angeboten wie Familien- und Krankenpflege, Erholungsfürsorge, Freizeitgestaltung und Nähstuben für private Wäsche und Garderobe. Zudem starteten die Betriebe feste Rituale und Zeremonien, wie Ehrung von Jubilaren, Verabschiedungen in den Ruhestand, Aufnahmerituale von Lehrlingen oder Betriebsfeiern. Als Dankbarkeit gegenüber dem Arbeitgeber zeigten die Mitarbeiter Treue, Fleiß, Loyalität und Achtung. Genau diese Verhaltensnormen erwarteten die Firmen von ihren Arbeitern zusätzlich zu Fleiß und

Sorgfalt. Diese Maßnahmen waren die Antwort auf das amerikanische Human-Relation-Modell, das übrigens nie vollumfänglich in deutschen Betrieben Einzug hielt. Zu stark war der paternalistische Führungsstil, die wiederhergestellte Machtstellung der Gewerkschaften im Jahre 1945 und das Inkrafttreten des Betriebsverfassungsgesetzes (BetrVG) am 10. Mai 1952. Unabhängig davon kamen lediglich Fragmente des amerikanischen Human-Relation-Ansatzes zur Verbesserung der zwischenmenschlichen Beziehungen zum Einsatz (Jungkind, 2007). Etwa die Einführung von Meistergesprächen, die ersten Versuche Gruppenarbeit einzuführen, eine verbesserte Informationspolitik gegenüber den Mitarbeitern, Trainingsmaßnahmen zur verbesserten Zusammenarbeit zwischen Vorgesetzten und Mitarbeitern. Es war die Gruppe der Meister und Vorarbeiter, die oftmals selbstherrlich agierten und einen unangemessenen Ton pflegten.

Angenommen wird, dass das menschliche Miteinander von oben angeordnet wurde. Wenige Großunternehmen starteten Kampagnen zum mitdenkenden Mitarbeiter und Nutzung seiner kreativen Potenziale, was sich erst in den 1960er Jahren verfestigte, ebenso wie die Möglichkeit der Mitarbeiter zur freien Meinungsäußerung gegenüber dem Unternehmen (Jungkind, 2007).

Ich denke, an dieser Stelle ist ein guter Punkt erreicht, die Personalarbeit der 1960er Jahre genauer zu beleuchten, obwohl die Grenze zwischen den 1950er und den 1960er Jahren fließend ist.

Die 1960er Jahre. Das Wirtschaftswunder und die Folgen: Fachkräftemangel und Migration. Eine Überschrift, wie sie heute in jeder Boulevard-Zeitung zu finden ist, mit dem großen Unterschied, dass die Problematiken vollkommen unterschiedliche Ursachen aufzeigen. Heute sind es der demografische Wandel und die schlecht organisierte Migration, während in den 1960er Jahren es an der erforderlichen Qualifikation fehlte, die durch die Zuwanderung von Migranten nicht aufgefangen werden konnte (Barkow, 2007). Das hatte zur Folge, dass Personalarbeit überwiegend daraus bestand, Aufgaben und Tätigkeiten neu zu verteilen. Einfache, monotone und niedrige Arbeiten übertrug man den weniger qualifizierten Migranten und versuchte gleichzeitig, das Bildungsniveau durch entsprechende Qualifizierungen anzuheben (Barkow, 2007). Ausbildung, höhere Qualifizierung stand in den Jahren zuvor nie auf der Prioritätenliste von Unternehmen, da immer ausreichend Manpower zur Verfügung stand bis zu dem Zeitpunkt, als der erhöhte Konsumbedarf wegen fehlender Arbeitskräfte nicht mehr befriedigt werden konnte. Lange Arbeitszeiten und bezahlte Überstunden leisteten die MitarbeiterInnen gerne. Das zusätzlich verdiente Geld floss entweder in den eigenen Konsum oder nutzte man zur Wohlstandsvermehrung.

In den Unternehmen begann ein Umdenken, in dem der Human-Resource-Ansatz den Human-Relation-Ansatz ersetzte, mit dem Anspruch, die MitarbeiterInnen im Unternehmen ernst zu nehmen. Allerdings als Ressource, die entsprechend optimal eingesetzt werden soll (Jungkind, 2007). Das zunehmende Wachstum des Unternehmens zwang die Firmenleitung außerdem zu einer Neuausrichtung ihrer Führungspraktiken. Die Delegation von Verantwortung an das mittlere und untere Management, Selbstverwirklichung, der partizipative Führungsstil, der seinen Ursprung im Harzburger Modell hatte, zog in die Unternehmensetagen ein. Führungsleitbilder mit entsprechenden Normen und Werte erhielten zunächst das mittlere Management als Ge- und Verbote mit der Aufforderung danach zu handeln (Jungkind, 2007). Um diese neuen Ordnungsregeln ans Laufen zu bekommen, schulte die Firma Hoesch beispielsweise 2000 Führungskräfte entsprechend dem Harzburger Modell. Partizipation wurde von oben autoritär angeordnet. Schleichend nahm ein Wertewandel bei den jüngeren MitarbeiterInnen Formen an, der die Firmen vor neuen Herausforderungen stellte. Die Anreizsysteme und die betriebliche Sozialpolitik, die sich um die Jahrhundertwende in den Firmen etablierten, verloren an Attraktivität. Die MitarbeiterInnen hatten keine Lust mehr auf Bevormundung. Die Personalarbeit konzentrierte sich nun auf die Vermittlung eines neuen Firmenimage, neue Führungspraktiken und einer modernen Unternehmenskultur. Kommt Ihnen das bekannt vor? Auch heute haben Unternehmenslenker erkannt, wie wichtig eine gute Unternehmenskultur ist, speziell um die jüngere Generation zu überzeugen, ihre Karriere bei ihnen zu starten.

Eine neue Dimension erreichte die Personalarbeit in den 1970er Jahren, dem Beginn der dritten industriellen Revolution und dem Ende des Wirtschaftswunders. Eine Rezession warf ihre Schatten voraus. Der

Markt war gesättigt. Als Reaktion auf den Konjunktureinbruch und den zunehmenden Wettbewerb aus dem Ausland fokussierten sich die Firmen auf die Flexibilisierung von Personalführung und Personalplanung sowie organisatorischen Veränderungen wie die Dezentralisierung von Organisationseinheiten (Jungkind, 2007).

Viel gravierende Auswirkungen auf die Personalarbeit erwiesen sich durch das von der Bundesregierung erlassene Programm zur Humanisierung der Arbeit. Die Forderungen umfassten die Reduzierung von monotonen Tätigkeiten, mehr Selbstbestimmung in der Arbeit, mehr soziale Kontakte und die Möglichkeit, seine Fähigkeiten innerhalb seines Arbeitsumfeldes zu verbessern. (Jungkind, 2007). Es war die Geburtsstunde der Gruppenarbeit, der Einführung von teilautonomen Arbeitsgruppen, des betrieblichen Vorschlagswesens und das Miteinbeziehen der Mitarbeiter in Entscheidungsprozessen, sogar die unteren Hierarchieebenen erhielten die Gelegenheit, ihre Meinung zu äußern. Die Unternehmen benötigten selbstständig denkende und flexible MitarbeiterInnen, um am Markt bestehen zu können. Partizipation war das Credo der Personalarbeit in den 1970er Jahren. Erstmalig konnten eine größere Anzahl von Mitarbeitern an unternehmerischen Entscheidungen mitwirken.

Die nächsten Jahrzehnte stand die Personalarbeit unter dem Radar der Rationalisierung. Schuld daran waren unter anderem die japanischen Produktions- und Managementmethoden, die aufzeigten, wie Effizienz und Produktivität durch Eliminieren von nicht wertschöpfenden Tätigkeiten gesteigert werden können. Das Einführen von Qualitätszirkeln und die Ausweitung der teilautonomen Gruppenarbeit standen ganz oben auf der Prioritätenliste des Managements. Das Personalwesen bekam den Auftrag, die entsprechenden Schulungen zu organisieren und/oder die Moderation der Gruppengespräche zu übernehmen. Speziell die Automobilindustrie setzte sich stark für die Einführung von teilautonomen Arbeitsgruppen ein, da gerade sie unter besonderem Erfolgsdruck standen.

Weiter ging es mit den Rationalisierungsvorhaben. Lean Management und die schlanke Organisation füllten fortan die „to do" Listen. Die Folge: Stellenabbau. Hierarchieebenen fielen dem Rotstift zum Opfer. Gemeinkostenanalysen verfolgten das Ziel, 30 % der Fixkosten zu eliminieren. Trotz aller Sparmaßnahmen investierten die Unternehmen in Training und Weiterbildung, um die neuen Management-Konzepte umsetzen zu können. Bis heute beeinflussen die Rationalisierungskultur und der Shareholder-Value-Ansatz die Personalarbeit. Outsourcing, Standardisierung, KPIs, Kennzahlensysteme, Beurteilungssysteme, erfolgsabhängige Belohnungssysteme, Sozialpläne, Lohnkürzungen, unbezahlte Mehrarbeit, der Verfall von Gleitzeitguthaben, Kurzarbeit ließen keine Zeit für die Arbeit am Personal. Es galt, die Ressource Mensch zu optimieren.

1.2.4 Personalarbeit heute – „flavor of the day"

Seit ich aus dem operativen Personalgeschäft ausgeschieden bin, stehe ich außerhalb des Spielfeldes. Nicht einmal sitzend auf der Reservebank, sondern abseits und beobachte staunend, wie und welche Art von Personalarbeit in den Unternehmen stattfindet. Mein Eindruck, der sich im Laufe der Jahre gefestigt hat, ist, dass die heutige Personalarbeit nach dem Prinzip: „flavor of the day" erfolgt. Je nach Neigung und Präferenzen der jeweiligen Personalverantwortlichen oder desjenigen, der an der Spitze des Unternehmens steht, werden spontan Moden jeglicher Art umgesetzt. Ganz chaotisch bis zu frustrierend erweisen sich die sprunghaften Ideen, die der GeschäftsführerIn, VP, CHRO entweder in Management-Magazinen gelesen hat, jemand aus seinem Führungs-Team, der aus seiner Vergangenheit ein Erfolg versprechendes Konzept präsentierte oder ein bekannter Berater, der ihn oder ihr seine Heilsbringer verkauft. Die Themenvielfalt beinhaltet unter anderem Agilität, Female Empowerment, die Stärkung von Frauen in Führungspositionen, Leadership-Programme, Diversität, Workation, Home-Office, Unternehmenskultur, New Work Konzepte, Beurteilungssysteme oder Employer Branding. Keine Frage, alles lobenswerte und sinnvolle Aktivitäten, vorausgesetzt sie tragen zur Problemlösung bei und verfolgen nicht das Ziel der persönlichen Selbstvermarktung.

Genug kritisiert. Im Fokus der Diskussion stehen nachfolgend eine Vielzahl von Determinanten, die Einfluss auf die Personalarbeit nehmen und bei der Gestaltung von HR-Praktiken Berücksichtigung finden sollten:

1. Die wirtschaftliche Entwicklung.
   Perfekt erkennbar im Abschn. 1.2, in dem die Geschichte und Entwicklung der Personalarbeit immer parallel zu den makroökonomischen und mikroökonomischen Geschehnissen erfolgten.
2. Die MitarbeiterInnen.
   Genau genommen sind sie es, die die Personalarbeit maßgeblich bestimmen. Erst wenn man weiß, was sie können, was ihnen wichtig
   ist, welche Bedürfnisse sie haben, welche Belastungen sie ertragen
   müssen, – privat wie geschäftlich – erst dann ist eine zielgerichtete
   Personalarbeit möglich.
3. Die Führungskräfte.
   Mit ihrem Handeln und Tun (Verhalten) zeigen sie auf, wo Handlungsbedarf besteht.
4. Die Personalabteilung.
   Sie verwaltet, gestaltet und überwacht und ist somit verantwortlich,
   dass die richtigen Rahmenbedingungen für eine wirksame Personalarbeit bestehen.
5. Die Wissenschaft.
   Wissenschaftler sind unabhängige Beobachter von makroökonomischen Veränderungen, von sich abzuzeichnenden Trends, antizipieren
   neue Strömungen, überprüfen Konzepte auf ihre Wirksamkeit und
   entwickeln neue theoretische Ideen, die die Praxis unterstützen können, ihren Erfolg auszubauen.
6. Das Geschäftsmodell und der Business-Life-Cycle.
   Es ist mehr als ein guter Business-Case. Das Geschäftsmodell umfasst
   Elemente wie die strategischen Ziele, Kunden- und Produktportfo-
   lio, Umsatz und Gewinn, die Belegschaftsstruktur, die Standorte, den
   Purpose. Der Business-Lifecycle reflektiert die wirtschaftliche Situation, die eine Firma gerade durchläuft.
7. Der Mann oder die Frau an der Spitze.
   Bewusst oder unbewusst sind diese Personen die stärksten Träger der
   Personalarbeit, positiv wie negativ. Die Funktion verschafft ihnen
   dazu die Macht.

8. Die Arbeitnehmervertreter.

Je nach Größe des Unternehmens haben sie neben dem Geschäftsführer oder CEO die mächtigste Macht, gewissermaßen per Gesetz, die Personalarbeit zu beeinflussen.

Diese acht beschriebenen Determinanten finden Sie in keiner Literatur, noch in einem Personalmanagement-Handbuch. Dabei steht und fällt der Erfolg einer Firma mit der im Unternehmen praktizierten Personalarbeit. Ob hierfür eine spezielle Funktion, die Personalabteilung, erforderlich ist, beantworten wir im Abschn. 1.3 oder am Ende des Buches. Das ist jedenfalls unsere Zielsetzung.

1.3 Die Geburtsstunde der Personalabteilung

Über die Geburtsstunde der Personalabteilung ist nichts Konkretes bekannt. Lediglich Annahmen aus verschiedenen Quellen lassen ein ungefähres Datum erkennen, und wer der jeweilige Geburtshelfer gewesen sein könnte. Eine Quelle geht davon aus, dass die erste Personalabteilung im Jahr 1901 von der Firma National Cash Register eingerichtet wurde als Folge eines erbitterten Streiks der Arbeitnehmer. Die neue Funktion übernahm die Rolle eines Aufpassers, der darauf achtete, dass Vorschriften eingehalten wurden, machte Aufzeichnungen, kontrollierte die Sicherheit am Arbeitsplatz, verantwortete das Lohnmanagement und nahm Beschwerden der MitarbeiterInnen entgegen (Lindzon, 2015).

Bei der weiteren Recherche stößt man auf die Behauptung, dass zwei Männer das Personalmanagement Anfang des 20. Jahrhunderts als Institution ins Leben gerufen haben: Robert Owen und Charles Babbage (HumanResourcesmba, 2018). Beide Herren vertraten die Auffassung, dass das Wohlbefinden der Arbeiter entscheidend ist für die Produktivität. Robert Owen, geboren in England, war weit über die Landesgrenzen hinaus bekannt für seine sozial eingestellten Ansichten seinen Fabrikarbeitern gegenüber und seiner menschenfreundlichen Führung seiner Fabrik. Liest man dagegen die Biografie von Charles Babbage, der als Allround-Genie und „Vater des Computers" einen hohen Bekanntheitsgrad erreichte, ist es nicht einfach nachzuvollziehen, wieso solch ein mathematisches Talent an der Gründung einer Personalabteilung beteiligt gewesen sein sollte. Da man ihn als Multitalent bezeichnete, könnte eine mögliche Erklärung sein, dass er neben seinen herausragenden Fähigkeiten als Mathematiker und Erfinder sich noch auf dem Gebiet des Analysierens von Arbeitsabläufen einbrachte. Er entwickelte das „Babbage-Prinzip", das durch eine spezielle Arbeitsteilung Lohnkosten senkte (Potthast, 2024).

Realistischer erscheint mir, dass das Personalwesen tatsächlich in der Phase der zweiten industriellen Revolution entstanden ist. In einem Zeitraum zwischen dem Ende des 19. Jahrhunderts und Anfang des 20. Jahrhunderts. Denn genau in dieser Zeitspanne konnten die Unternehmer aufgrund des technischen Fortschritts die Personalarbeit selbst nicht mehr händeln. Infolgedessen spaltete man die Personalarbeit von der funktionellen und institutionellen Unternehmerfunktion ab (Remer & Wunderer, 1979, S. 15). Nicht nehmen ließ sich jedoch die Firmenleitung Entscheidungen, die größere personalwirtschaftliche oder organisatorische Tragweite zeigten, wie auch die Einstellung von leitenden Angestellten. Die Kontrollarbeiten und ausführenden Tätigkeiten übernahm eine willkürlich festgelegte Institution, die die Berechnung und Auszahlung der Löhne, die Verwaltung von Personaldaten oder die Gestaltung der zunehmend wichtiger werdenden Sozialpolitik übernahm (Remer & Wunderer, 1979, S. 15). Ob diese Organisationseinheit den Namen „Personalabteilung" trug, geht aus der Literatur nicht hervor. Die Bezeichnung Lohnbüro ist ein Begriff, der regelmäßig im Zusammenhang mit empirischen Untersuchungen zur Entwicklung der Personalabteilung auftaucht.

In den Archivunterlagen der Firma Robert Bosch, die Femppel (2000) in seiner empirischen Untersuchung zum Thema „Das Personalwesen in der deutschen Wirtschaft" aufführt, ist die Chronologie der Personalarbeit akribisch dokumentiert, wonach sich die stufenweise Entwicklung eines Personalwesens sowohl funktional als auch institutionell vermuten lässt. Ein weiteres Indiz dafür sind die Gründung der Gewerkschaften und Betriebsräte in den Jahren 1916 und 1920, aber auch die zunehmende Übergriffigkeit des politischen Sozialsystems (Femppel, 2000).

Der Zweite Weltkrieg stoppte die Weiterentwicklung des Personalwesens und erforderte in den Nachkriegsjahren erst einmal eine neue Positionierung. Die Entwicklung erfolgte Schritt für Schritt. Aus einer historischen Untersuchung geht hervor, dass im Jahre 1947 im Rahmen einer Neuordnung der Montankonzerne mit mehreren Tausend Beschäftigten drei Vorstandsmitglieder das Unternehmen führten, der kaufmännische und der technische Vorstand sowie das Ressort Arbeits- und Sozialpolitik (Potthoff, 1950). Die Formulierung der Arbeits- und Sozialpolitik übernahm der technische und kaufmännische Vorstand. Um sicherzustellen, dass die Grundsätze und Richtlinien von allen Führungskräften im Betrieb verstanden und einheitlich umgesetzt werden, fasste man den Entschluss, die Stabsstelle Personalverwaltung zu etablieren, die sich darum kümmern sollte. Organisatorisch gehörte die Personalverwaltung mit der Abteilung Lohnbüro zum kaufmännischen Sektor, wobei das Lohnbüro zum Rechnungswesen zählte. Im Lohnbüro erledigte man alle Aufgaben, die die Belegschaft betrafen. Da die Kapazitäten des Lohnbüros nicht mehr ausreichten, alle Funktionen der Personalverwaltung zu erfüllen, bildeten sich Parallelorganisationen. Später folgte die Entscheidung, die Aufgaben zu bündeln und diese in die Abteilung Sozial- oder Personalabteilung zu integrieren (Potthoff, 1950). Daraus entstand in größeren Betrieben die Organisation, wie in Abb. 1.1 dargestellt.

Im Laufe der Zeit gelang der Personalverwaltung der Sprung, zu einer selbstständigen Hauptabteilung und war just auf Augenhöhe mit dem technischen und kaufmännischen Sektor.

Auf Vorstandsebene gab es den Kaufmännischen und Technischen Direktor und den Arbeitsdirektor. Für Grundsatzfragen und Personalpolitik gönnte man sich zusätzlich eine Stabsstelle. Der Arbeitsdirektor überwachte die Einhaltung der Grundsätze und Richtlinien und beriet seine Vorstandskollegen bezüglich Personalführung. Gleichzeitig verantwortete der Arbeitsdirektor als Vorgesetzter und Führungskraft das Personalressort.

Die Personalabteilung als eigenständige Institution musste konstant ihre Daseinsberechtigung verteidigen. Es waren Neid und Missgunst über die Machtposition, die die Personalabteilung in der Organisation genoss. Der Finanzbereich entpuppte sich als der größte Kritiker. Liebend gerne hätte er den Personalbereich in seiner Verantwortung

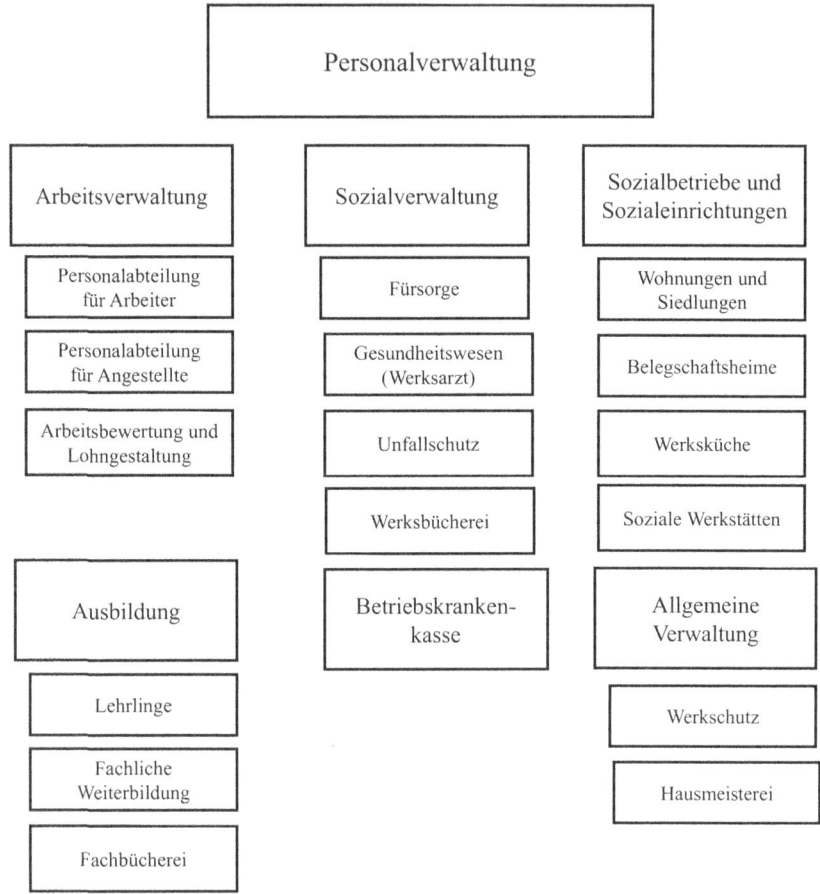

Abb. 1.1 Organisation Personalverwaltung. (Quelle: Potthoff, 1950, S. 565)

behalten. Die Linienvorgesetzten kritisierten die neuen Entscheidungs-befugnisse der Personalabteilung als Anmaßung. Nutzte die Entschei-dungen allerdings sehr gerne als Speerspitze gegenüber ihren Mitar-beitern. Die Arbeitnehmervertretung spielte und spielt eine sehr ein-flussreiche Rolle bei der Bedeutung des Personalwesens. Sie können als Freund oder Feind der Personalabteilung auftreten.

Seit Jahren keimt die Frage auf: benötigt man eigentlich eine Perso-nalabteilung?

Zum Abschluss unsere Gedanken über die wesentlichen Faktoren, von denen die Stellung und Bedeutung der Personalabteilung abhängen:

1. Von der Unternehmensleitung, dem CEO, Geschäftsführer oder Firmeninhaber des jeweiligen Unternehmens, wie er oder sie die Bedeutung des Personalwesens einschätzt.
2. Von der Größe und Rechtsform des Unternehmens.
3. Von der mikro- und makroökonomischen Lage.

Zeigt die Firmenleitung ehrliches Interesse an den Menschen im Betrieb, arbeiten die Personalleitung und der Mann oder die Frau an der Spitze eng zusammen. Zusammenarbeiten in diesem Kontext bedeutet, dass die Personalleitung der engste Vertraute ist bei allen personalwirtschaftlichen und organisatorischen Belangen. Und zwar in der Rolle als kompetenter Gestalter, der die Fähigkeit besitzt, den Spagat zu schaffen zwischen Effizienzsteigerung und Menschlichkeit, der sich als Sparringpartner entwickelt und in schwierigen Entscheidungsprozessen pragmatische, zielorientierte Lösungen aufzeigt. Leider konnte die Personalabteilung dieser Rolle nie ganz gerecht werden, wie viele Kritiker eindeutig bewiesen. Als „mutlose Macher" titulierte die Wirtschaftswoche im Jahr 1997 die deutschen Personalchefs (Femppel, 2000).

Oft sind es tatsächlich makroökonomische Faktoren, die die Bedeutung der Personalleitung bestimmen. Eine Wirtschaftskrise wie im Jahr 2008, die innerhalb von kürzester Zeit zu einem gewaltigen Umsatzeinbruch geführt hat, katapultierte die Wichtigkeit der Personalleitung mit einem Schlag nach oben. Sobald der Job erledigt war, Kurzarbeit erfolgreich umgesetzt wurde, Personal geräuschlos abgebaut wurde, das Eliminieren von freiwilligen Sozialleistungen und Benefits die Fixkosten verbesserte, Lohnkürzungen erfolgreich verhandelte, ging es wieder runter in die Bedeutungslosigkeit. Sind es innerbetriebliche Probleme, wie Streitereien mit dem Betriebsrat, hohe Fluktuation, schlechtes Betriebsklima, kommt der Tatortreiniger HR wieder ins Spiel. Die Covid-19 Krise, ein weiteres schönes Beispiel, bei dem die Wichtigkeit der Personalabteilung einen Höhenflug erlitt. Seien wir doch mal ehrlich, es sind genau diese Situationen, die die Personaler mögen, die Rolle des Ausputzers zu übernehmen. Danach verstecken sie sich wieder hinter ihrer geliebten Personalverwaltung und schlüpfen in die Rolle des Verwaltungsexperten und Kümmerers, weil es sicher und bequem ist.

Fazit

Getrieben durch die zunehmende Komplexität unserer Arbeitswelt, unterliegt die Personalarbeit einem ständigen Wandel. Als Folge hat sich die Vielfalt der Aufgaben ständig erweitert. Neue, bisher unbekannte Themenfelder sind hinzugekommen (mehr dazu in Kap. 2). Nicht immer passten die Themenfelder zu den unternehmerischen Zielen oder zu den Bedürfnissen der Menschen in der Organisation, weil die Denke rein Erfolgsgetrieben war. Das oberste Ziel bestand darin, die Ressource Mensch optimal einzusetzen, was nicht dem heutigen Nachhaltigkeitsgedanken entspricht.

Die Personalabteilung hat vom Wandel der Personalarbeit profitiert. Ihre Bedeutung im Unternehmen ist mit der Aufgabenvielfalt gestiegen. Der Wandel ist gelungen von einem Lohn- und Gehaltsbüro mit Kontrollfunktion hin zu einer eigenständigen und selbstständigen Hauptabteilung.

Allerdings besteht seit Jahren Zweifel und herbe Kritik, ob sie den nächsten Level erreichen und neuen Anforderungen gewachsen sind oder „mutlose Macher" bleiben.

Literatur

Barkow, I. (2007). Der westdeutsche Arbeitsmarkt 1960–1990. Strukturwandel der Erwerbstätigkeit, Beschäftigung und Arbeitslosigkeit. Frankfurt. https://publikationen.ub.uni-frankfurt.de/opus4/frontdoor/deliver/index/docId/749/file/BarkowIngo.pdf. Zugegriffen: 22. Mai 2024.

Femppel, K. (2000). *Das Personalwesen in der deutschen Wirtschaft*. Hampp.

Goossens, F. (1959). *Handbuch der Personalleitung. Personalorganisation und Personalführung*. Verlag Moderne Industrie.

Haradhan, M. (2019). *The First Industrial Revolution: Creation of a New Global Human Era*. Munich Personal RePEc Archive. https://mpra.ub.uni-muenchen.de/96644/. Zugegriffen: 30. Apr. 2024.

HumanResourcesmba. (2018). What is the History of Human Resources Management? https://www.humanresourcesmba.net/faq/what-is-the-history-of-human-resources/. Zugegriffen: 5. Juni 2024.

InstituteSiemensHistorical. (2020). *Wachsende Bedeutung – History Feature zur Geschichte der Frauen bei Siemens.* https://assets.new.siemens.com/siemens/assets/api/uuid:6b12221c-5945-4ccb-b689-a07194ee6fe1/072-frauen-bei-siemens-klein.pdf. Zugegriffen: 15. Mai 2024.

Jungkind, T. (2007). Unternehmenskultur in Deutschland seit den 1950 er Jahren – Eine unternehmensgeschichtliche Bestandsaufnahme -. Konstanz. https://kops.uni-konstanz.de/server/api/core/bitstreams/73ff981d-9e86-46cd-8bfd-593e31ccc26c/content. Zugegriffen: 22. Mai 2024.

Lindzon, J. (2015). Welcome to the new Era of Human Resources. https://www.fastcompany.com/3045829/welcome-to-the-new-era-of-human-resources. Zugegriffen: 5. Juni 2024.

Löhner, F., & Zuberbühler, T. (2006). *cheops-pyramide.ch.* https://www.cheops-pyramide.ch/baustelle/pyramiden-bauarbeiter.html. Zugegriffen: 24. Apr. 2024.

Luh, A. (2015). Betriebssport bei Siemens. Vom Kaiserreich bis zur Gegenwart. *SportZeiten. Sport in Geschichte, Kultur und Gesellschaft, 15*(3), 7–45.

Potthast, B. J. (2024). Charles Babbage. Abgerufen am 4. https://www.dpma.de/dpma/veroeffentlichungen/meilensteine/computer-pioniere/babbage/index.html. Zugegriffen: 4. Juni 2024

Potthoff, E. (1950). Die Organisation des Personalwesens in der industriellen Unternehmung. *Zeitschrift für handelswissenschaftliche Forschung , 12.*

Potthoff, E. (1974). *Betriebliches Personalwesen.* Walter de Gruyter & Co.

Remer, A., & Wunderer, R. (1979). *Personalarbeit und Personalleiter im Großunternehmen. Ein Forschungsbericht.* Duncker & Humblot.

Schomerus, H. (1977). *Die Arbeiter der Maschinenfabrik Esslingen. Forschungen zur Lage der Arbeiterschaft im 19. Jahrhundert.* Klett-Cotta.

schule-bw. (unbekannt). *schule-bw.de.* (Landesbildungsserver Baden-Württemberg, Herausgeber). https://www.schule-bw.de/faecher-und-schularten/gesellschaftswissenschaftliche-und-philosophische-faecher/geschichte/unterrichtsmaterialien/sekundarstufe-I/19jahrhundert/kinderarbeit. Zugegriffen 28. Apr. 2024.

Siegel, C. (unbekannt). www.bosch.com. https://www.bosch.com/de/stories/robert-bosch-als-chef/. Zugegriffen: 7. Mai 2024.

WDR. (2020). *Planet-Wissen.* https://www.planet-wissen.de/geschichte/persoenlichkeiten/die_krupps/pwiealfredkruppuebervatermitmacken100.html. Zugegriffen: 7. Mai 2024.

2

HR, der Alleskönner auf der Suche nach einer neuen Identität

Zusammenfassung Reizvolle Aufgaben und neue Herausforderungen liegen wie ein bunter Blumenstrauß auf dem Tisch von HR. Eine perfekte Gelegenheit, die Vielfalt von strategischen, operativen und systemischen Themenfeldern umzusetzen und somit die Transformation im Unternehmen zielgerichtet zu unterstützen. Zunächst jedoch muss der Personalbereich an der eigenen Transformation arbeiten. Einen neuen wohlklingenden Titel zu finden, kann hilfreich sein, die Rolle des ewigen Verwaltungsexperten und Kümmerers hinter sich zu lassen, reicht aber allein nicht aus. Notwendig erscheint, über eine neue flexible Organisation nachzudenken und umzusetzen. Eine Organisationsform, die die strategische Ausrichtung des Unternehmens mit den passenden Handlungsfeldern schnell, unbürokratisch, innovativ, effizient und effektiv unterstützt. Die Wissenschaft hat hierzu jahrelang viele hervorragende Organisations-Konzepte entwickelt, die der HR-Bereich nutzen kann, den typisch deutschen Personalleiter ad acta zu legen.

2.1   Das Personalwesen und seine Aufgabenvielfalt von A bis Z

Früher war alles einfacher. Die Personalarbeit lag entweder in der Verantwortung des Firmeninhabers, Geschäftsführers, seiner Führungskräfte oder in den Händen von funktionalen Abteilungen. Die Personalabteilung war zuständig für die Lohn- und Gehaltsabrechnung, die Verwaltung der Personalakten, Kontroll- und Überwachungsaufgaben, formelle Abwicklung bei Einstellungen und Entlassungen und bei der Erstellung von Statistiken (Remer & Wunderer, 1979, S. 15). Der Personalleiter war Erfüllungsgehilfe der Geschäftsleitung und der Fachabteilungen sowie Ansprechpartner für den Betriebsrat. In mittelständischen oder großen Unternehmen stand auf seiner Visitenkarte: Leiter Personal- und Sozialwesen. Erwartet wurden Kenntnisse in Arbeitsrecht, Tarifrecht, Sozialrecht, allgemeine juristische Kenntnisse, Steuerrecht, Lohnsteuerrecht, Kenntnisse im Ausbildungswesen, Verwaltungstechnik, Sozialwesen und psychologische Kenntnisse (Goossens, 1959). Ziemlich hoch die Erwartungen an einen Personalleiter, der im Grunde nichts zu sagen hatte. Er sollte in der vorgegebenen Richtung mitwirken und umsetzen. Seine Entscheidungskompetenz begrenzte sich auf die Verwaltung von Personalangelegenheiten. Hätte mir das nur jemand früher gesagt, bevor ich mich entschieden habe, meine Karriere im Personalwesen zu starten. Für mich, die am Anfang ihrer beruflichen Laufbahn stand, war die Funktion Personalleiter immer etwas Besonderes. Schwer beeindruckt war ich schon alleine vom Titel und all die wichtigen und vertraulichen Vorgänge, die hinter verschlossener Tür auf den Tisch kamen.

Durch die zunehmende Komplexität der Arbeitswelt verbunden mit der Globalisierung kamen im Laufe der Jahre immer mehr Aufgaben in den Verantwortungsbereich der Personalabteilung Der Personalbereich wuchs somit zum Alleskönner heran. Jegliche neuen Herausforderungen, die etwas mit Personal zu tun haben und gerade modern sind, findet man heute in der Verantwortung des Personalwesens. Nahezu eine perfekte Ausgangslage für den HR-Bereich, eine veränderte Positionierung zu provozieren. Mehrere Dinge, die dabei im Weg stehen: knappe

Ressourcen, zu hoher administrativer Aufwand, Schnellschüsse der Unternehmensleitung und das Wollen und Können der Mitglieder im Personalwesen. Beides ist aus dem Gleichgewicht geraten.

Die nachfolgende Auflistung verdeutlicht einmal mehr die Aufgabenvielfalt, die den Personalbereich zum Alleskönner auszeichnet. Ihre Leistungen haben oftmals aber keinen wertvollen Eindruck bei den Abnehmern hinterlassen. Es ist die Diskrepanz zwischen Anspruch und Wirklichkeit.

Aufgabenvielfalt von A bis Z

Ausbildung. Mit der Kategorie *Ausbildung* ist die Berufsausbildung von MitarbeiterInnen zu verstehen. Zusammen mit dem verantwortlichen Ausbildungsleiter legen sie die für das Unternehmen zukunftsfähigen Ausbildungsberufe fest. Ebenso die Wahl von Fachhochschulen, Universitäten oder Business-Schulen für das Rekrutieren von Nachwuchskräften. Die Rekrutierung und Auswahl von Auszubildenden liegen in der Verantwortung des Ausbildungsleiters. Das Personalwesen dagegen ist für das Rekrutieren von Absolventen zuständig, entwickelt und koordiniert deren Ausbildungspläne mit den Fachabteilungen. Die anfallenden administrativen Aufgaben übernimmt der Bereich Personalverwaltung.

Anreizsysteme zu implementieren, gehört in das Serviceangebot einer modernen HR-Abteilung. Dabei ist darauf zu achten, dass Anreizsysteme keinesfalls als Kompensation von schlechter Führungsarbeit missbraucht werden dürfen. Ad hoc eingeführte monetäre oder nicht monetäre Anreizsysteme sollten die MitarbeiterInnen bewegen, schneller, besser oder mehr zu leisten. Häufig fehlte bei der Implementierung von Anreizsystemen der Nachhaltigkeitsgedanke.

Betriebliches Gesundheitswesen. In der Vergangenheit berichteten Firmen mit Stolz über ihre vielfältigen Gesundheitsprogramme. Von Mitgliedschaften in Fitnessstudios, Ernährungsberatung, Gesundheitschecks, Nordic Walking oder Raucherentwöhnung. Ein schneller Blick auf einige Homepages von Unternehmen brachte mich zum Staunen. Bis heute findet man diese Angebote mit der Betonung auf die attraktiven Zusatzleistungen für seine MitarbeiterInnen. Weit entfernt von einem wirklich wirksamen Gesundheitsmanagement, das einen holistischen Ansatz verfolgt. Ein holistischer Ansatz besteht aus physischen, psychischen, sozialen und organisatorischen Rahmenbedingungen, die die Gesundheit und Sicherheit der Mitarbeiter und Mitarbeiterinnen schützen. Darüber hinaus fehlen Aspekte wie Führungs- und Organisationskultur, das Eliminieren von Mobbing, Intrigen, Gerüchte, Narzissmus sowie das regelmäßige Analysieren von Effizienz, Engagement und Produktivität, um herauszufinden, wo die Störfelder liegen.

Change Management. Ein relativ neues Terrain für die MitarbeiterInnen im Personalbereich, das definitiv in den vergangenen Jahren an Bedeutung zugenommen hat. Veränderungen haben immer mit Menschen zu tun. Unabhängig, ob Veränderungen auf der Systemebene, Organisations- oder Sozialebene vorkommen. Unter Systemebene zählen Änderungen bezogen auf Prozesse, Methoden oder Abläufe. Die Organisationsebene betrachtet die formale Struktur, die sich in einem Organigramm widerspiegelt, und auf der Sozialebene findet sich der Wandel von Verhaltensweisen von Individuen und Teams. Hieraus ergeben sich für die Personalabteilung vielfältige Aufgaben. Angefangen von modernen und geeigneten Lernmethoden anzubieten, die den Führungskräften und Mitarbeitern alle Facetten eines Veränderungsprozesses aufzeigen bis hin zur Ausarbeitung einer Stakeholder-Kommunikation-Journey. Erfahrungsgemäß scheitern die meisten Veränderungsprozesse an einer schlechten Kommunikation. Weiterhin benötigt der Personalbereich einen kritischen Blick darauf, welche Hindernisse den Veränderungsprozess stören könnten. Veränderungen sind für alle Beteiligten belastend, verbunden mit Ängsten. Die Angst der Führungskräfte zu scheitern, die Furcht vor Konflikten und die Besorgnis der MitarbeiterInnen vor der ungewissen Zukunft, nicht zu wissen, ob sie den Anforderungen gerecht werden (Berner, 2019). In diesem Gefühls-Chaos muss das Personalwesen bereit sein, eine ganz besondere Rolle zu übernehmen, nämlich die des Seelsorgers, Beichtvaters und Vermittlers.

Datenanalyse, noch ein Thema für den HR-Bereich, das an Intensität und Bedeutung zunimmt. Es geht um die Aufbereitung und Auswertung von DSGVO-konformen, mitarbeiterbezogenen Daten. People Analytics ist die modernere Bezeichnung. Dabei werden Daten aus dem Personalbereich mit anderen Unternehmensdaten kombiniert, um eine Ursache-Wirkung festzustellen. Oder weiche Daten aus dem Personalbereich mit traditionellen HR-Kennzahlen in Verbindung gebracht, mit dem Ziel, Störfaktoren aufzuzeigen, die die Effizienz und Produktivität der MitarbeiterInnen beeinflussen, aber auch welche Prozesse im HR-Bereich nicht rund laufen (Winkler et al., 2023). Eine professionelle Datenanalyse erzählt die Geschichte hinter den Daten und Fakten und dient somit als Frühwarnsystem wie auch als Entscheidungsgrundlage für das Management. Mithilfe von einem Dashboard lassen sich die entsprechenden Informationen übersichtlich visualisieren. Zahlenaffinität, technisches und analytisches Know-how sind hierfür unerlässlich.

Digitalisierung. Zu Recht kann man die Digitalisierung als bedeutendsten Transformationsprozess bezeichnen, da er unser Leben und unsere Art und Weise, wie wir arbeiten, neu ordnet. Obendrein zählt die Digitalisierung zu den Hauptreibern der New Work Bewegung. Nahezu alle Bereiche des Managements und insbesondere des Personalmanagements sind von der Digitalisierung betroffen. Wobei ich den Personalbereich nicht als Treiber der Digitalisierung sehe, außer für seine eigenen Prozesse. Vielmehr sollte die Funktion HR hier die Position eines Beraters übernehmen, der den Unternehmensentscheider überzeugt, gemeinsam mit dem Management-Team darüber zu diskutieren, wie sich die Arbeitslandschaft im Unternehmen verändern wird, sowohl technisch als auch sozial. (Jacob, 2023). Ferner muss die HR-Funktion die Kompetenz besitzen, seinen Kollegen und dem CEO aufzuzeigen, wie die Digitalisierung die Effizienz und Produktivität durch den Einsatz von neuen Arbeitsmodellen wie Crowdworking, Smart-Offices, oder Remote-Working, positiv beeinflusst (Dull, 2023). Zu den Soft-Themen der Digitalisierung gehört das Thema „Future Skills und Kompetenzen" anzusprechen. Nicht nur in Bezug auf die MitarbeiterInnen dafür zu werben, sondern auch den Mut zu haben, die Führungseigenschaften anzusprechen. Passend an dieser Stelle ist zu erwähnen, dass es nicht Aufgabe von HR ist, die Future Skills und Kompetenzen für alle MitarbeiterInnen neu zu definieren. Die Verpflichtung von HR besteht hier, Methoden und Instrumente zu entwickeln, die die Führungskräfte nutzen können, ohne großen Bürokratismus, ihre Kompetenzen der Zukunft zu definieren. Damit verbunden ist, eine cloudbasierte Softwarelösung anzubieten. Überflüssig zu erwähnen, dass im Zeitalter der Digitalisierung für komplexe Veränderungen es nicht länger angemessen ist, mit manuell erstellten Excel-Listen oder sonstigen selbst gestrickten Programmen zu arbeiten.

Die Digitalisierung verlangt dem HR-Bereich einiges ab. Einmal befindet er sich in der Rolle als Impulsgeber, dann als Prozessbegleiter und in der Rolle als System-Experte. Gleichzeitig sorgt er dafür, dass Daten in konsolidierter Form dem Management und den Führungskräften zur Verfügung stehen.

Diversity, das professionelle Managen von Vielfalt im Unternehmen. Eine Aufgabe mit einer besonderen Brisanz, da es im Blickfeld der Öffentlichkeit steht und die sozialen Netzwerke dies mit Argusaugen verfolgen. Bis vor wenigen Jahren migrierten Menschen überwiegend aus dem europäischen Ausland nach Deutschland. Die Eingliederung in das Arbeitsleben deutscher Firmen gestaltete sich relativ problemlos. Seit der Öffnung der Grenzen migriert eine Vielfalt von soziokulturellen Gruppen nach Deutschland, mit einer für uns gänzlich fremden Kultur, Religion, Weltanschauung, Werte, Arbeitseinstellung oder Essgewohnheiten. Es kommen Menschen in unser Land aus Kriegs- und Krisengebieten. All diese verschiedenen soziokulturellen und ethnischen Gruppen stehen eines Tages als Arbeitskräfte zur Verfügung. Gibt es hierfür einen strukturierten Integrationsplan oder handelt das Unternehmen nach dem Motto: „Das wird sich schon regeln". Um noch ein wenig bei der Problematik Diversity zu bleiben, stellen wir uns die Frage, ob der HR-Bereich pragmatische und rechtssichere Vorschläge vorzeigen kann, welche Position das Unternehmen zu sexuellen Neigungen einnimmt, ob in der Firma eine einheitliche Verpflichtung besteht über die Anwendung einer gendergerechten Sprache, oder wie die Organisation plant mit dem Selbstbestimmungsgesetz, das ab August 2024 in Kraft getreten ist, umzugehen gedenkt. Unglaublich viel Bürokratie ist mit dem Punkt Diversity verbunden. Hier kann weder die Digitalisierung noch KI entlasten. Es sind zusätzliche Steine im Korb vom Alleskönner HR, die es zu tragen gilt. Ohne externe Unterstützung sehe ich wenig Chancen, dass diese Problematik zufriedenstellend gelöst wird. Aber vielleicht sind meine Zweifel völlig unberechtigt und es läuft alles viel smoother als ich denke.

Disziplinarverfahren. Verhalten Führungskräfte oder MitarbeiterInnen sich nicht regelkonform, folgen Sanktionen, die von einer einfachen Ermahnung hin zu fristloser Kündigung reichen können. Die Personalfunktion (Personalleiter) prüft die rechtlichen Konsequenzen für den Tatbestand und entscheidet, welche Disziplinarmaßnahme zur Anwendung kommt. Dabei ist strengstens darauf zu achten, dass keine Ungleichbehandlung erfolgt. Bei Disziplinarverfahren ist der Vorgesetzte verantwortlich für die Kommunikation mit dem MitarbeiterIn, die Personalabteilung unterstützt das Gespräch und operiert als Zeuge. Die formelle Abwicklung ist Aufgabe der Personalverwaltung. Disziplinarverfahren erfordern gute arbeitsrechtliche Kenntnisse und gehören zu den Themenfeldern, die leicht aus dem Betriebsgeschehen ausgegliedert werden können, unter Abwägung von Aufwand und Nutzen. Wobei viele HR-Manager im In- und Ausland, Disziplinarmaßnahmen liebend gerne in ihrem Verantwortungsbereich sehen. Es verleiht ihnen ein Gefühl von Macht und Wichtigkeit.

Employer Branding, das Lieblingsthema vieler Personalverantwortlichen, die Vermarktung des Unternehmens als attraktiven Arbeitgeber. Das Ziel ist, den Bekanntheitsgrad der Firma durch eine gezielte Kommunikation in den verschiedenen Medien zu erhöhen, Bewerbern das Unternehmen als reizvoll zu präsentieren und die vorhandenen MitarbeiterInnen im Unternehmen zu halten (Rosenberger, 2020). *Employer Branding* ist eine Aufgabe, die nur in Zusammenarbeit mit der Marketing-Abteilung und/oder der Unternehmensführung erfolgen kann. Schließlich dürfen die Aussagen und Informationen über das Unternehmen nicht vom Stil des Hauses abweichen. Entscheidend für ein gutes *Employer Branding* ist ebenfalls, dass sich die Unternehmensführung, die Marketing-Abteilung und der Personalbereich über die Kommunikationskanäle und die Botschaft selbst einig sind. Nichts ist schlimmer als allgemein formulierte Phrasen, die von Beratern jeglicher Art kopiert wurden. Trotz aller positiven Aspekte über die Wichtigkeit von einem guten Personalmarketing denke ich, dass gerade in kleinen und mittelständischen Unternehmen das Thema eher in die Kategorie „nice to have" fällt.

Entgeltfindung, im angelsächsischen Sprachgebrauch kennt man es unter der Bezeichnung Compensation & Benefits, das zu den strategischen HR-Kernprozessen zählt. Dementsprechend finden Sie in Kap. 3, Abschn. 3.5 eine ausführliche Beschreibung über die Rolle und Aufgabe von HR in diesem Prozess. Denn Entgeltfindung ist mehr als die Vergütung für eine erbrachte Arbeitsleistung. Es ist die Gestaltung einer effektiven und effizienten Lohnpolitik und gehört demzufolge in das Pflichtprogramm der Personalfunktion, dann klappt es auch mit dem „seat on the table".

Engagement, eines meiner Lieblingsthemen. Denn Mitarbeiter-Engagement ist Bestandteil einer effektiven Leistungskultur. Der Personalbereich steht hier in der Verantwortung, das Konzept Engagement zu verstehen und ein firmenspezifisches Engagement zu entwerfen. Falls die am Markt verfügbaren standardisierten Messverfahren mit Ihren Ansprüchen an ein Engagement zusammenpassen, integrieren Sie dieses Messinstrument in Ihr Digitalisierungskonzept und messen Sie regelmäßig das Engagement Ihrer MitarbeiterInnen. Entscheidend für die Wirksamkeit ist, dass die analysierten Engagement-Killer zeitnah, unter Anwendung von agilen Arbeitsmethoden, umgesetzt werden.

Führung. Sie werden uns sicherlich zustimmen, dass Personalführung nur bedingt in das Aufgabengebiet von HR fällt, sondern zu den Kernkompetenzen der Führungskräfte gehört. Und schon haben wir die Schnittstelle zum Personalbereich, das „wie" wird geführt, genauer zu betrachten. Führungsverhalten beeinflusst nicht nur das Mitarbeiterverhalten, sondern auch den wirtschaftlichen Erfolg eines Unternehmens. Mit Daten und Fakten, beispielsweise aus dem Engagement-Index, kann man kollektive Führungsschwächen aufdecken. Ganz mutige setzen eine Bottom-up-Beurteilung ein, mit einem aussagekräftigen 360-Grad-Blick. Nicht zu verwechseln mit einem 360-Grad-Feedback-Prozess. Die Personalfunktion übernimmt hier die Rolle des Gestalters und Initiators und schlägt ein entsprechendes Verfahren vor, das Führungsschwächen aufdeckt. Das Risiko besteht, dass der oder die Personalverantwortliche sich unter Umständen in die Rolle des Überbringers von schlechten Nachrichten wiederfindet, vorwiegend, wenn bestimmte Führungskräfte ein besonders gutes Verhältnis zum Top-Management haben und diese auf keinen Fall verprellt werden dürfen.

Feedback. Jeder MitarbeiterIn und Führungskraft benötigt regelmäßig Feedback, um zu wachsen und um besser zu werden. Konstruktives Feedback zu geben, liegt somit in der Verantwortung der Führungskräfte. Die Personalfunktion bekleidet in diesem Spiel die Rolle des

Werkzeugmeisters. Stellt den Werkzeugkasten zur Verfügung und organisiert Schulungen, damit die Feedbackgeber die Werkzeuge fachgemäß anwenden. Anders verhält es sich bei der Implementierung einer Feedbackkultur. Eine Feedbackkultur betrifft gewissermaßen die Organisation als Ganzes. Deswegen erfordert der Werkzeugkasten zusätzliche Instrumente, die je nach Organisationsebene zum Einsatz kommen.

Fürsorge als Handlungsfeld klingt ein bisschen nach „betreutem Arbeiten" ist es aber bei weitem nicht. Nutzt man anstelle von „Fürsorge" den angelsächsischen Begriff „Caring", bekommt der Ausdruck meiner Meinung nach eine ganz andere Bedeutung. Nämlich, sich um seine MitarbeiterInnen zu kümmern, indem man ihnen seine Zeit schenkt und zuhört. Ernsthaftes Interesse zeigt für seine oder ihre Probleme und Hilfe anbietet. Aber nicht seine Probleme löst. Hier muss ganz klar eine Grenze gezogen werden zur Rückdelegation.

Gesetze. Die ersten Arbeitsgesetze entstanden bereits im 19. Jahrhundert, vorwiegend initiiert von individuellen Fabrikbesitzern, die ihren Arbeitern freiwillig bestimmte Rechte einräumten, um Betriebsräte und Gewerkschaften fernzuhalten. Das wichtigste Gesetz für alle Personaler ist das Betriebsverfassungsgesetz (BetrVG), das im Jahre 1952 in Kraft trat und im Jahre 1972 grundlegend novelliert wurde. Neben dem Betriebsverfassungsgesetz zählen 80 weitere wichtige Vorschriften, die das Arbeitsleben regeln. Kein Wunder, dass viele Unternehmen in den 1980er Jahren vorzugsweise Personen mit einer juristischen Ausbildung als Personalleiter beschäftigten. Wie soll das Personalwesen jemals aus seiner angestaubten Verwalterrolle herauskommen, bei der ständig steigenden Anzahl von Gesetzen und Vorschriften? Der Arbeitgeberverband mit seinen Rechtsanwälten stellt zumindest eine gute Unterstützung zur Verfügung. Eine zusätzliche Alternative wäre, eine Art Hotline einzurichten, die die Führungskräfte und MitarbeiterInnen nutzen könnten bei arbeitsrechtlichen Fragen. Dies würde zumindest eine kleine Entlastung für die Personalabteilung bedeuten. Kenntnisse über die wichtigsten Gesetze und Vorschriften, verbunden mit dem kontinuierlichen Überprüfen, ob Gesetze, Vorschriften und Richtlinien eingehalten werden, gehören leider in den Rucksack von HR. Ich bin überzeugt, dass bereits heute Maschinen einige dieser Kontrollarbeiten übernehmen.

Gamification ist eine moderne Form des Lernens mit einem ernsten Hintergrund, die Performance und Effektivität der MitarbeiterInnen spielerisch zu verbessern. Eine spannende Aufgabe für die Computer-Freaks in der Personalabteilung. Den Markt nach seriösen computer-gestützten Lernprogrammen zu analysieren, diese zu testen, zusammen mit der IT-Abteilung die Infrastruktur sicherzustellen, das Buy-in der Stakeholder zu erreichen, einen Roll-out-Plan ausarbeiten und diesen einem Entscheidungsgremium präsentieren. An Gamification vorbeizu-kommen und weiterhin ausschließlich auf traditionelle Trainingsmaß-nahmen zu setzen, wäre unserer Meinung nach schlechtes Employer Branding.

Generationenvielfalt. Für diejenigen, die die Meinung vertreten, es gibt keine generationsbedingten Unterschiede, schlage ich vor, anstelle dessen über Altersgruppen zu sprechen und die Belegschaft in Alters-kategorien zu teilen. Wie dem auch sei, ist es unerlässlich, sich mit den Charaktereigenschaften der verschiedenen Altersgruppen ausei-nanderzusetzen. Federführend sehen wir hier den Personalbereich, die Führungskräfte und das Management zu sensibilisieren. Sensibilisieren heißt, mit Daten und Fakten aufzuzeigen, wie verschieden die Erwar-tungen der unterschiedlichen Generationen bezogen auf das Recruiting, die Personalentwicklung, die Entlohnung, die Führung, die Kommuni-kation oder das Arbeitsverhalten sind.

High Performer. Zu diesem Thema finden Sie unsere Gedanken in Kap. 3, Abschn. 3.3. Ausführlich beschreiben wir dort die Rollen und Aufgaben von HR in diesem Kernprozess und zeige auf, warum es hier immer wieder zu Spannungen kommt zwischen der HR-Funktion und den Linienvorgesetzten.

Interne Kommunikation. Kommunikation ist ein wunder Punkt in jeder Firma. Die MitarbeiterInnen klagen, dass zu viel, zu wenig, falsch, gar nicht, oder zu spät kommuniziert wird. Kommunikation geht in der Organisation alle an und es ist nicht möglich, diesen Punkt kom-plett auf den Personalbereich abzuwälzen. Diese muss sicherstellen, dass es nicht an den entsprechenden Kompetenzen für eine wirkungsvolle Kommunikation mangelt. Sowohl Führungskräfte als auch Mitarbeiter-Innen sollten die Spielregeln einer zielgruppenorientierten Kommuni-kation beherrschen. Dazu gehören ebenso Kenntnisse über elektronische Medien sowie über die verschiedenen Kommunikationskanäle (Rosenberger & Kreil, 2021) als auch das Aufzeigen von Stolpersteinen und Fettnäpfchen.

Jahresend-Gespräch. Das Jahresend-Gespräch gehört zum Relikt aus der alten Leistungskultur. Einmal im Jahr, vorzugsweise wenn sich das Geschäftsjahr dem Ende zuneigt, erhalten Führungskräfte und MitarbeiterInnen eine Bewertung ihrer Leistung der vergangenen Monate. Manche Unternehmen erhöhten den Turnus auf halbjährlich und nennen es Midyear-Review. Der Personalbereich steuert den Prozess, sammelt und konsolidiert die Daten. Eigentlich ist die Zeit reif, das Jahresend-Gespräch zu ersetzen. Anstellen dessen, eine konstruktive Feedbackkultur zu implementieren. In der heutigen schnelllebigen Arbeitswelt muss eine Leistungsbeurteilung sofort nach einem Ereignis erfolgen, damit die MitarbeiterInnen, die Führungskräfte oder die Teams umgehend an den aufgezeigten Optimierungen arbeiten können. Was glauben Sie, was passieren würde, wenn Fußballmannschaften erst 12 Monate nach einem Länderspiel Feedback erhalten?

Kompetenzmanagement. Das strategische Kompetenzmanagement ist, wie der Name es schon vermuten lässt, Teil eines strategischen Personalmanagements und fällt in das Hoheitsgebiet der Funktion Personal, was nicht heißt, dass der Personalbereich verantwortlich ist, die Kompetenzen für die gesamte Firma festzulegen, sondern entwickelt Systeme, Methoden und Prozesse. Zugegebenermaßen keine einfache Aufgabe, die plötzlich als Rohrkrepierer enden kann. Damit das nicht passiert, sind zunächst grundlegende Kompetenzen auf diesem Fachgebiet erforderlich. Ansonsten besteht das Risiko, dass die Unternehmensleitung und die Führungskräfte den Nutzen nicht erkennen und „warum" die Einführung eine Notwendigkeit darstellen und wie eine effiziente Umsetzung erfolgen kann. Sobald die ManagerInnen das Konzept als zusätzliche Bürde empfinden, schwindet die Bereitschaft auf den Nullpunkt. Heute bietet der Markt bereits eine optimale Auswahl an Standard-Modellen, die für einen Workshop eine perfekte Diskussionsgrundlage bilden, über die Kompetenzen der Zukunft eine Einigung zu finden. In einem weiteren Schritt gilt es zu klären, welcher Detaillierungsgrad für die jeweiligen Kompetenzen Sinn ergeben (Lebrenz, 2020).

Lernen für alle. Es ist ein Trugschluss zu glauben, dass nur junge Menschen imstande sind, neu gelernte Fähigkeiten nutzbringend für die Organisation einzusetzen. Wissenschaftliche Studien beweisen, dass individuelle Weiterentwicklung, die Motivation zu wachsen, positiv beeinflusst, unabhängig vom Alter (van Dam, 2022). Lernen durch Arbeiten, digitale Lernplattformen, neue Lernmethoden ersetzen oder eleganter ausgedrückt ergänzen die traditionellen Trainings und Weiterbildungsseminare. Die HR-Zukunftsstudie nennt unter anderem Lern-Formate wie Virtual Reality (VR), Augment Reality (AR), Social Learning und Peer Learning, Gamification, personalisierte Lernprozesse, Learning Nuggets und digitale Assistenten (Zukunftsinstitut, 2024). Interessant ist der Ansatz von van Dam (2022), der einen Lernrahmen entwickelte, der eine Kombination darstellt aus formellem Lernen, sozialem Lernen und On-Demand-Lernen. Eine weitere spannende und strategische Herausforderung für die Personalfunktion. Eine Lernkultur zu schaffen, wo MitarbeiterInnen Lernen nicht als Strafe empfinden, sondern als Spaß. Unternehmen benötigen dringend das Wissen und die Innovationskraft der MitarbeiterInnen, wie Edgar Geffroy richtig ausführt. Er spricht von Wissenskriegern, die sich vollumfänglich einbringen (Geffroy, 2022). HR bitte kümmern.

Mitbestimmung. Die wahre Machtzentrale sitzt nicht im Top-Management. Es sind die Arbeitnehmervertretungen, die kraft Gesetz fast jegliche Managemententscheidungen torpedieren können oder vollumfänglich unterstützen. Der entscheidende Faktor ist Kommunikation und Verhalten mit Fingerspitzengefühl mit den Arbeitnehmervertretern. Die erfahrenen HR-Manager haben über Jahre gelernt, den Spagat zu schaffen zwischen vertrauensvoller Zusammenarbeit mit dem Betriebsrat und den Belangen des Unternehmens in Einklang zu bringen. Konstruktive Diskussionen und Streitereien gehören zu den natürlichen Rollenbildern genauso wie eine für beide Seiten zufriedenstellende Einigung. Verhandlungsgeschick, gute arbeitsrechtliche Kenntnisse, Bauchgefühl, Diplomatie und Hartnäckigkeit helfen, eine Mitbestimmung auf Augenhöhe zu erreichen. Mauscheleien, Kuscheleien, Kungeleien erscheinen oftmals verführerisch, Unternehmensziele schneller zu erreichen, allerdings warnen wir davor. Man macht sich erpressbar und die Belegschaft merkt es, früher oder später.

Nachhaltigkeit, CSR (Corporate Social Responsibility) und ESG (Environmental, Social, Governance). Themen, an denen die HR-Funktion nicht vorbeikommt. Sei es bei der Personalplanung, Personalbeschaffung, Personalentwicklung, der Entgeltfindung, ist der soziale und der ökonomische Faktor zu berücksichtigen. Insbesondere für eine Soziale Nachhaltigkeit ist es nach unserer Meinung erforderlich, dass HR eine klare Position einnimmt (Anderson, 2022).

New Work steht als Synonym für den Wandel, der unserer Arbeitswelt durchläuft. Es ist kein Projekt, sondern ein fortlaufender Prozess. Es gibt auch nicht das New Work. Allerdings einige grundsätzliche Bausteine, die die neue Arbeitswelt prägen. Obwohl sich einige HR-Verantwortliche mit Begeisterung der Thematik angenommen haben, sitzen sie nicht im „Driver-Seat", genauso wenig wie bei einer Kulturveränderung. Die Aufgabe des Personalbereiches in diesem Transformationsprozess besteht darin, Konzepte zu entwickeln, umzusetzen oder die Umsetzung zu unterstützen, die ein „New Work" fördern. Dazu zählen, neue Formen der Arbeitszeitgestaltung, selbstbestimmtes Arbeiten, Agilität, traditionelle und moderne Arbeitsverhältnisse zu kombinieren, eine Feedbackkultur zu fördern und up-skilling zu forcieren. Der schwierigste Teil in diesem Veränderungsprozess betrifft die Veränderung des Führungsverhaltens. Abschied nehmen vom Shareholder-Value-Ansatz hin zu einem nachhaltigen Führungsverhalten. Eine wunderbare Gelegenheit für den Personalbereich endlich die administrativen Aufgaben loszulassen und die Chance nutzen, den Weg zu einem anerkannten Business-Partner einzuschlagen. HR, los geht's. Traut euch endlich.

Netzwerken. Auf den bekannten Social-Media-Plattformen präsent zu sein, kostet Zeit, ist aber notwendig. Die Plattformen liefern wertvollen Content über aktuelle Trends, geben Einblick, was die Menschen bewegt. Zudem eine perfekte Quelle für das Recruiting (passives und aktives Sourcing). Noch dazu ist es ein Leichtes, ein Netzwerk mit nutzbringenden Personen aufzubauen. Ein perfektes Netzwerk besticht durch seine Vielfalt der verschiedenen Network-Partner. Eine Investition, die unbedingt lohnenswert ist. Sichtbar ist, wer sich zeigt.

Onboarding, die Integration und Sozialisation von neuen Mitarbeitern in die Organisation, beginnt mit dem Recruiting. Es ist ein Prozess und Teil eines effektiven Performance-Managements. Je schneller der MitarbeiterIn versteht, was von ihm erwartet wird und wie die Organisation „tickt", desto schneller trägt er oder sie zur Wertschöpfung bei. Die Personalfunktion ist hier der Prozess-Verantwortliche und beschreibt in zeitlicher Abfolge die Preboarding und die Onboarding-Aufgaben für jede Funktion. Einige Firmen haben diesen Prozess bereits digitalisiert. Eine Softwarelösung in verschiedenen Sprachen existiert bereits am Markt.

Die heutige Technik, die zur Verfügung steht, ersetzt viele lästige Administrationsaufgaben und eliminiert die Zettelwirtschaft. Den persönlichen Kontakt zu KandidatInnen kann und darf die Technik nicht ausschließen. Menschen wollen mit Menschen sprechen, gerade in unsicheren Situationen, wie dem Beginn einer neuen Berufslaufbahn. Dabei schließen wir alle Generationen und Hierarchiestufen mit ein. Ein gut durchdachter *Onboarding-Prozess* enthält ein Reboarding, die Integration von Mitarbeitern und MitarbeiterInnen, die über einen längeren Zeitraum, freiwillig oder unfreiwillig, pausieren mussten. Etwas oldschool haben die Autoren Godinho et al., (2023) ein Handbuch entwickelt, das alle Facetten eines guten Onboardings enthält. Uns gefällt es trotzdem, da es nutzbringend ist und eine fachgemäße Grundlage bietet.

Performance-Management ist eine breite und komplexe Thematik. Ursprünglich setzten es Unternehmen ein, um ihren wirtschaftlichen Erfolg zu messen. Später erweiterte man seine Funktion und nutzte es, um die Umsetzung der Unternehmens-Strategie zu kontrollieren (Lebrenz, 2020, S. 267). In diesem Zusammenhang etablierte sich der Zielvereinbarungsprozess in Verbindung mit der Bewertung der Zielerreichung durch die Mitarbeiterinnen. Bis heute findet man diese traditionelle Vorgehensweise in Unternehmen. Nur wenige Firmen bringen den Mut auf, diesen Prozess zu verändern. Mehr zu diesem spannenden Thema in Kap. 3, Abschn. 3.4

Personalentwicklung und Personalplanung stehen an dieser Stelle nicht im Fokus, da diese Elemente zu den strategischen HR-Kernprozessen zählen und an anderer Stelle besser passen. Eine ausführliche Diskussion führen wir in Kap. 3, Abschn. 3.1 und 3.3.

Qualitätsmanagement. Sie haben richtig gelesen. *Qualitätsmanagement* im Aufgabenportfolio von HR. Wie alle anderen

Funktionen auch, hat das Personalwesen die Verantwortung, dass sein Service den höchsten Qualitätsansprüchen gerecht wird. Es beginnt bei der Personalbeschaffung, wo sicherzustellen ist, dass insbesondere der unterstützende Dienstleister seine vertraglichen Zusagen einhält, dass er eine gute Bonität hat, dass der BewerberIn zeitnah professionelles Feedback erhält, dass der Arbeitsvertrag fehlerfrei und termingerecht zum BewerberIn kommt, das bei der Auswahl von externen Dienstleistern, Systemen oder Bildungsinstituten sichergestellt wird, dass das Unternehmen die bestmögliche Qualität erhält. Bei der Erstellung von Statistiken und Auswertung von Daten müssen sich die Empfänger uneingeschränkt auf die Richtigkeit der Informationen verlassen können. Daten und Fakten sind die Grundlage für Entscheidungen. Und der Finanzbereich ist derjenige, der gerne seine Zahlenkompetenz nutzt und die Korrektheit der Daten und Fakten von der Personalfunktion infrage stellt. Als HR-Verantwortlicher können Sie noch so gute Konzepte ausarbeiten, Trends aufzeigen oder auf dem Parkett der Social-Media Experten tanzen, wenn die Grundlagen nicht stimmen, hört Ihnen keiner zu und Sie rufen vergebens nach dem „seat on the table".

Recruiting, ein Themenfeld, das sich für den HR-Bereich mehr und mehr zu einem strategischen Handlungsfeld entwickelt hat. Weil es mehr ist, als für eine offene Position einen Match zu finden. Mehr Raum für eine ausführliche Betrachtung und Diskussion haben wir für Sie dafür in Kap. 3, Abschn. 3.2 geschaffen.

Restrukturierung, eine Aufgabe, die den Erfahrungsschatz eines jeden Personalers erweitert. Und eines Tages trifft es jeden PersonalerIn sich dieser Herausforderung zu stellen. Eine Restrukturierung, die mit einem Stellenabbau verbunden ist, erfordert eine sorgfältige Vorbereitung. Folglich darf die Personalfunktion im Entscheidungsprozess nicht fehlen. Der HR-Verantwortliche ist Verhandlungspartner für den Betriebsrat, den Wirtschaftsausschuss, den Gesamtbetriebsrat, den Euro-Betriebsrat und gegebenenfalls für die Gewerkschaften, abhängig von der Größe des Betriebes und der Anzahl von Stellen, die zur Disposition stehen. Die Exit-Modalitäten zu konzipieren liegt in den Händen von HR, einschließlich einer Risikoanalyse sowie der Berechnung der Abfindungskosten und den Return on Investment (ROI). Eine Restrukturierung durchzuführen, ist eine emotionale Angelegenheit, da hinter jedem Stellenabbau ein individuelles Schicksal steht. Mit einem gut durchdachten und menschenzentrierten Trennungsmanagement (siehe Kap. 3, Abschn. 3.6) steht und fällt die erfolgreiche Umsetzung. Viele Entlassungen sind nach unserer Erfahrung nach durch eine sorgfältige Personalplanung und umsichtige Einstellungspolitik vermeidbar.

Strategie. Ohne eine fundierte *HR-Strategie* verhallt der Ruf nach Anerkennung als strategischer Partner. Obwohl viele Personalverantwortliche behaupten, strategisch zu arbeiten, zeigt die Realität oft ein abweichendes Bild. Denn strategisch zu arbeiten heißt, die HR-Kernprozesse an der Unternehmensstrategie auszurichten. Wie das funktionieren kann, erklärt Oliver Best (2021) an einem Beispiel von Union Investment. Nur wenige Unternehmen nehmen sich die Zeit, strategische Ziele zu entwickeln im Gegensatz zu den operativen Zielen, die akribisch mit Kennzahlen gemessen werden. Das allerdings sollte für den HR-Bereich keine Entschuldigung sein, nicht an einer entsprechenden HR-Strategie zu arbeiten und lieber darüber zu lamentieren, dass es an der Voraussetzung fehle. Seien Sie proaktiv und überraschen Sie Ihren Vorgesetzten oder Ihre Vorgesetzte mit einer fundierten HR-Strategie, die zur Wertschöpfung beiträgt, und zwar nachhaltig.

Statistiken zu erstellen, gehört zu den typischen Verwaltungsaufgaben des Personalbereichs. Daten über den Personalstand, Eintritte, Austritte, Abwesenheitszeiten, Fluktuationsraten oder Krankzeiten erhalten die Geschäftsführung und das Management monatlich oder auf Nachfrage. Die manuell erstellten Daten, die aus verschiedenen Systemen zusammengeführt werden, binden enorme Ressourcen und bieten Nährboden für zahllose Fehlerquellen. Eine willkommene Situation, die insbesondere dem Finanzwesen und den Führungskräften in die Hände spielen, die Datenkompetenz von HR zunächst infrage zu stellen. Nur wenige HRler haben es verstanden, wie man sich eine hohe Datenkompetenz aufbaut, Daten professionell analysiert und daraus Informationen generiert. Eine Kompetenz, die zukünftig eine hohe Relevanz bekommt, trotz Digitalisierung und dem Einsatz von KI. Mehr dazu im nächsten Abschnitt.

Technologie und Datenanalyse gehören zu den Kompetenzen, die sich ein zukunftsorientiertes Personalwesen aneignen muss, nicht sollte, sondern tatsächlich „muss". Eine einmalige Chance für den HR-

Bereich, endlich beweisen zu können, dass er in der Lage ist, komplexe technische Herausforderungen erfolgreich umzusetzen. Es beginnt mit dem Vorantreiben der Digitalisierung im eigenen Bereich, speziell mit dem Beschleunigen der Digitalisierung der Personalprozesse. Immer mit dem Blick auf den Menschen. Der Mensch als MitarbeiterIn im eigenen Bereich, der Mensch als Führungskraft, der Mensch als Organisationsmitglied, der Mensch als BewerberIn. Dahinter verbirgt sich das Verständnis, welche Technologie und Tools geeignet erscheinen, die Wertschöpfung in den Arbeitsprozessen zu erhöhen oder die eine Arbeitsumgebung schaffen (Raumtemperatur, Licht, Klima, Belüftung), in der die Organisationsmitglieder effizient, produktiv und innovativ arbeiten können (Zukunftsinstitut, 2024). Das Zukunftsinstitut nennt es Humanzentrierte Organisation. Ein Begriff, der mir ausgezeichnet gefällt, da er dem New Work Ansatz entspricht.

Trennung von MitarbeiterInnen.Scheiden tut weh. Sich von Mitarbeiterinnen trennen zu müssen, ist für die HR-Funktion eine Routineaufgabe, die dennoch mit vielen Emotionen verbunden ist. Ganz gleich um welche Art von Trennung es sich handelt, steckt hinter jedem Ereignis ein Prozess, der akribisch einzuhalten ist. Systemfehler machen verwundbar und können dem Unternehmen viel Geld kosten. Angenommen zeitnah ist es möglich, den Kündigungsprozess zu digitalisieren in Verbindung mit dem Einsatz von KI, entbindet das die MitarbeiterInnen der Personalabteilung nicht, den Vorgang auf Rechtssicherheit zu überprüfen. Gute Kenntnisse in Arbeits- und Sozialrecht gehören demnach weiterhin in das Kompetenzportfolio eines HR-Business-Partners. Mehr zum Thema Trennungsmanagement diskutieren wir in Kap. 3, Abschn. 3.6.

Unternehmenskultur, ein Themenfeld, das gerne an HR übertragen wird, genauer gesagt, der Personalbereich am liebsten, für sich beanspruchen würde. Sorry, liebe Kollegen oder Kolleginnen, Unternehmenskultur ist Chef-Sache, die Ihr mit Eurer Expertise wunderbar unterstützen könnt, aber niemals in der Position seid, die Verantwortung zu übernehmen. Es ist ein Kampf gegen Windmühlen. Die Unterstützung einer Kulturveränderung durch die HR-Funktion bindet enorme Ressourcen. Denn eine bestimmte Unternehmenskultur aufzubauen oder die existierende zu verändern bedeutet Systeme, Prozesse und Abläufe zu verändern. Aber nicht nur das. Der schwierige Teil einer Kulturveränderung besteht darin, Verhaltensweisen zu ändern sowie liebgewonnene Rituale und Bräuche, wie Geburtstagsfeiern, Betriebsfeste, Ehrung von Jubilaren, Verabschiedung von Mitarbeitern in den Ruhestand, Kantinenessen, Gesundheitsprogramme und vieles mehr. Die Geschäftsführung ist hier in der Verantwortung, den MitarbeiterInnen und Führungskräften den Grund, das „Warum" der notwendigen Kulturveränderung plausibel zu erklären. Anschließend erfolgt mit externer Unterstützung eine IST-Analyse und die Festlegung der SOLL-Kultur. Danach sieht man weiter, wie lange das Interesse am Projekt Unternehmenskultur anhält. Vielleicht bis zur nächsten Krise.

Verwaltungsaufgaben und davon jede Menge. Diese hier alle aufzuzählen, würde ein eigenes Buch füllen. Verwaltungsaufgaben sind langweilig, zeitraubend und kosten eine Menge Ressourcen. Trotzdem sind sie im Personalwesen leider ein notwendiges Übel. Die Personalvorgänge vom Eintritt bis zum Austritt müssen akribisch dokumentiert sein. Und daran messen die MitarbeiterInnen die Qualität einer Personalabteilung. So profan es klingt, wenn die Grundlagen nicht stimmen, zünden die besten Ideen oder neuesten Trends nicht, um in der Organisation Anerkennung zu bekommen. Vermutlich sind, in den vergangenen Jahren viele administrative Grundlagen bereits digitalisiert worden. Dabei darf man eines nicht vergessen, Maschinen können nicht menschlich sein. Geben Sie diese wichtige Eigenschaft nicht auf.

Well-Being ist ein Gemütszustand, eine Kombination von Gefühlen und Emotionen. In der Literatur definiert man eine bestimmte Art von Well-being auch als „Happiness" (Argyle, 2001). Happy zu sein bedeutet, uneingeschränkte Zufriedenheit mit sich und seinem Leben. Bezogen auf das Arbeitsleben beeinflusst Happiness, die Zufriedenheit am Arbeitsplatz, die Produktivität, die mentale Gesundheit, verringert den Stress-Level und erhöht die Arbeitszufriedenheit (Taris & Schreurs, 2009). Für den HR-Bereich ergibt sich meines Erachtens aus diesem Wissen die Verpflichtung, ein geeignetes Instrument zu finden und einzusetzen, das mehr ist als eine einfache Zufriedenheitsanalyse. Ein Instrument, das mehrdimensional verschiedene Aspekte beleuchtet, die Einfluss auf das Well-being und somit auf die Performance der MitarbeiterInnen nehmen. Zweitens genügt es schon lange nicht mehr, eine

Erhebung einmal jährlich durchzuführen. Ein weiteres Beispiel, bei dem die Digitalisierung großen Nutzen stiften kann.

Zeitmanagement. *Zeitmanagement,* das Festlegen von Arbeitszeit, Pausen- und Urlaubsregelung sind weitere Felder, die das Aufgabenportfolio der Personalfunktion abrunden. Vieles davon ist in den Tarifverträgen geregelt oder findet sich in der Arbeitszeitordnung. Aber nicht alles bestimmt das Gesetz. Nicht geregelt sind flexible Arbeitszeiten, Zeiten im Home-Office, Arbeitszeiten an anderen Standorten (Workation, Co-Working-Spaces), Beginn und Ende der Arbeitszeit und der Pausen, Wegezeiten, Mehrarbeit oder die Urlaubsverteilung. Der schwierigere Teil beim Zeitmanagement ist, Gesetzesverstöße aufzuzeigen. Das Personalwesen gerät hier leicht in die Rolle des Aufpassers, der mit erhobenen Zeigefinger MitarbeiterInnen und Führungskräften, einschließlich der Geschäftsleitung, auf die rechtlichen Folgen hinweist, die bei Arbeitszeitverstößen kostspielig ausfallen können. Konflikte strapazieren regelmäßig das Nervenkostüm der HR-Funktion. Einerseits erwartet die Unternehmensführung, dass das Personalwesen die Verantwortung für ein gesetzeskonformes Verhalten übernimmt, andererseits eine gewisse Flexibilität in der Auslegung von Gesetzen und Richtlinien. Zeitmanagement gehört zu den konfliktbehafteten Thematiken, mit denen HR sich auseinandersetzen muss. Mit einer guten Portion Geduld, Souveränität, Überzeugungsfähigkeit, Hartnäckigkeit und konstruktiven Lösungsvorschlägen lässt sich auch diese Herausforderung meistern.

Zufriedenheitsanalysen durchzuführen ist ein Instrument aus vergangenen Tagen, auf das wir an dieser Stelle nicht näher eingehe, da bereits an anderer Stelle über Daten-Analyse eine Diskussion geführt wurde. Eine letzte Bemerkung, um das Thema Analysen abzuschließen. Für eine Erhebung im Mitarbeiterbereich empfehle ich ein mehrdimensionales Instrument einzusetzen. Entwickeln Sie hier am besten ein individuell konzeptioniertes Umfragetool, das exakt das misst, wo ihre Probleme liegen. Nutzen Sie nicht irgendeines von der Stage, nur weil es einen hohen Bekanntheitsgrad hat.

Mit dieser Vielfalt von Themenfeldern ist wahrlich ein bunter Strauß von Herausforderungen für den Personalbereich entstanden. Eine Mischung aus operativen und systemischen Aufgaben. Vieles davon ist nicht neu und längst tägliche Routine. Manches aber auch nicht. In einem separaten Kapitel (Kap. 3) ergänzen wir die Themenvielfalt um die Handlungsfelder in den strategischen Kernprozessen wie Personalplanung und -controlling, Personalbeschaffung und -auswahl, Personal- und Organisationsentwicklung, Performance-Management, Entgeltfindung und Trennungsmanagement und diskutieren über die Verantwortlichkeit der HR-Funktion. Denn hier entscheidet sich, wer das Format zum Business-Partner hat. Eines muss jedem HRler bewusst sein, einige der aufgelisteten Themenvielfalt finden zukünftig ihren Platz entweder in einem der strategischen Kernprozessen oder entfallen, weil die Digitalisierung und KI diese Aufgaben übernehmen.

Nutzen Sie gerne die Liste der Aufgabenvielfalt und bewerten Sie jedes einzelne Element nach dem Prinzip, was bleibt so wie es ist, was kann sofort digitalisiert werden und welches Element fließt in welches strategisches Handlungsfeld und wird zu einem späteren Zeitpunkt in ein digitales Tool transformiert.

2.2   Titelinflation – schöner Titel und nichts dahinter

Kaum eine andere Funktion steckt so tief in einer Identitätskrise wie das Personalwesen, oder heißt es etwa Personalmanagement, Human Resource Management, oder People & Culture, oder People-Operation oder, oder, oder? Aber ein Schritt nach dem anderen und später mehr zur Problematik der Titelvielfalt. Warum benötigt die Funktion Personal einen neuen Namen? In einem Artikel von Lena Onderka (2023) in der Zeitschrift Personalwirtschaft begründet die Verfasserin die Notwendigkeit damit, dass Unternehmen mit der Bezeichnung People… anstatt Human Resource signalisieren wollen, dass ihnen der Mensch als Mensch wichtig ist und nicht als austauschbare Ressource angesehen werden sollte. Diese Begründung ist in unseren Augen mehr als fragwürdig und lässt auf schlechter Personalarbeit schließen. Als weiterer Grund für eine Namensänderung nennt Onderka, den Transformationsprozess, in dem die Menschen im Fokus stehen und der HR-Bereich der Haupttreiber ist.

Braucht es einen neuen Namen für die Personalabteilung, um die MitarbeiterInnen zukünftig als Menschen zu betrachten?

Plausibler und stringenter empfinden wir die Argumentationskette im Lisantix Blog, in dem ebenfalls die Bezeichnung Human Resources kritisch gesehen wird, weil sie den Begriff zum einen als zu schwammig und unscharf empfinden und zum anderen dieser nicht die komplexe Arbeit des Personalwesens widerspiegelt. Die deutschen Begriffe wie Personalabteilung, Personalwesen oder Personalwirtschaft vermitteln ebenso wenig die Nähe zum Menschen, behaupten die Blogger. Die Bezeichnung People & Culture stößt schon eher auf Zustimmung der Blogger, weil mit dem Begriff „People" der Fokus auf die Menschen abgeleitet werden kann, anstelle des Menschen als Ressource. Schwierigkeiten sehen sie bei der Bezeichnung „Culture". Denn Kultur liegt nicht in der alleinigen Verantwortung von HR. Als Alternative schlagen sie vor, HR umzubenennen in „People und Organisation", da sich jeder mit Menschen und Organisation identifizieren kann. Die Idee finde ich gar nicht so schlecht, wobei auch die Bezeichnung „Organisation" viel Interpretationsspielraum zulässt (Lisantix, Jahr unbekannt). Aus dem Nachbarland Österreich kommt die Idee.

Weg von HR sowie People and Culture hin zu Human Relations (Eppinger, 2023).

Als Begründung für die Bezeichnung „Human Relations" führt Eppinger an, dass sich im HR-Bereich alles um die Beziehung zu Menschen dreht. Stimmt, aber nicht nur. Es geht auch um operative und strategische Prozesse, Systeme und Abläufe. Deshalb vertreten wir die Auffassung, dass die Bezeichnung Human Relations unpassend ist, da sie die Personalabteilung auf die Rolle eines Beziehungsmanagers reduziert. So empfinden wir es jedenfalls.

Eine aktuelle Studie, die die Firma Softgarden im Jahre 2024 initiierte, zeigte, dass die Befragten, überwiegend BewerberInnen, die

Bezeichnung „Personalabteilung" am glaubwürdigsten fanden. Ausgangspunkt war die Frage über die Wichtigkeit der Glaubwürdigkeit von Arbeitgebern und wie der Begriff Personalabteilung auf sie wirkte. Die Begriffe „People & Operations" und „People & Culture" konnte bei den Interviewten nicht als Gewinner punkten (Heider-Willms, 2024). Ein aufschlussreiches Ergebnis, das impliziert, dass BewerberInnen, obwohl sie die Unternehmen nicht kennen, ihnen generell ein hohes Misstrauen entgegenbringen.

> Unternehmen, die ernsthaft mit dem Gedanken spielen, ihr Image zu verbessern und zu einer human zentrierten Organisation zu transformieren, sollten zunächst zusammen mit der Personalabteilung definieren, wie das Unternehmen als Arbeitgeber in der Außenwirkung bei MitarbeiterInnen und BewerberInnen wahrgenommen werden möchte. Davon leiten sich in einem weiteren Schritt die Handlungsfelder ab und die Zielsetzung. Arbeiten Sie zuerst an den „low hanging fruits". Somit wird die Ernsthaftigkeit schnell sichtbar. Ist der Zug einmal auf die Schienen gesetzt und rollt, ist es sinnvoll, zu einem späteren Zeitpunkt über einen Namenswechsel nachzudenken. Machen Sie Lust auf Veränderung. Eine Namensänderung ohne eine Transformation von innen heraus bleibt wirkungslos.

Die Idee, für die Personalabteilung einen neuen Namen zu finden, ist genau der richtige Weg. Der Zeitpunkt könnte nicht besser sein. Die Vielfältigkeit und Komplexität der Aufgaben verdienen eine passendere Bezeichnung als „Personalwesen" oder „Human Resources". Das alte Kleid des Verwalters muss endgültig in die Mottenkiste. Ein anderer Name kann ein Anfang sein, verbunden mit dem festen Willen und dem Standing von HR, sein Image zu verändern. Die nächste Stufe im Transformationsprozess, die konsequenterweise folgen muss, ist, über eine neue moderne Organisationsform nachzudenken und umzusetzen. Darüber sprechen wir in Abschn. 2.3

2.3   Die Organisation des Personalwesens – welche darf es denn heute sein?

Themenvielfalt, Titelvielfalt und jetzt noch Organisationsvielfalt. Warum ist es möglich, dass ausgerechnet die Personalabteilung so viele verschiedene Organisationsformen aufweisen kann, wie keine andere Abteilung? Von der klassischen funktionalen Organisation bis hin zur agilen HR-Organisation behaupten die Erfinder bei jedem neuen Modell, den Stein der Weisen gefunden zu haben. Dabei kann kein Organisationsschema den Anspruch haben, als allgemeingültig zu gelten (Goossens, 1959, S. 109). Zu unterschiedlich sind die Anforderungen, die Firmen an das Personalwesen stellen, die Handlungsfelder, die Größe und Strategie des Unternehmens und den Stellenwert, den das Personalwesen in der Organisation genießt. Die ursprüngliche Organisationsform entstand, als sich das Personalressort als eigenständige Funktion in der Organisation etablierte. Gleichartige personalwirtschaftliche Aufgaben wurden gebündelt und mit einem übergeordneten Begriff versehen, wie Lohn- und Gehaltsabrechnung, Sozialwesen, Administration, Personalbetreuung. Diese funktionale Organisation vereinheitlichte die Personalarbeit für das gesamte Unternehmen (Berthel, 2000, S. 412). Bis heute ist die funktionale Organisation der Klassiker in vielen Firmen. In kleinen und mittleren Betrieben sind die Aufgaben oftmals nur auf wenige Köpfe verteilt, manchmal verkörpert lediglich eine Person das Personalwesen, während Großbetriebe und Konzerne den Vorteil genossen, zusätzliche Zentralabteilungen aufzubauen. In den 1970er Jahren erweiterte man das Aufgabengebiet um die Personalbeschaffung und -auswahl, Lohn- und Gehaltsfindung, die Personalplanung, Personalentwicklung und -führung sowie die Aus- und Weiterbildung. Wobei eine empirische Untersuchung die Wichtigkeit der verschiedenen Funktionen heterogen bewertete (Femppel, 2000). In den 1980er Jahren schuf man als neue Funktion Arbeitsrecht und Betriebsrat. Weitere Funktionen, die im Organigramm des HR-Bereiches auftauchten, waren die Kantine, der Werksschutz, der Fuhrpark, die Betriebskrankenkasse, manchmal sogar die Arbeitssicherheit.

Die MitarbeiterInnen in der Personalabteilung wuchsen mehr und mehr in die Rolle eines kompetenten Spezialisten für einen bestimmten Fachbereich mit dem Nachteil, keine Kenntnisse aus den anderen Personalfunktionen zu besitzen, die Linienmanager mehrere Ansprechpartner für ihre Personalprobleme konsultieren mussten und dass das Unternehmen von den Spezialisten abhängig wurde. Mit zunehmender Größe eines Unternehmens, entweder durch organisches Wachstum oder durch Firmenzukäufe, nahm die Aufgabenvielfalt des Personalwesens kontinuierlich zu. Tätigkeitsbereiche, die vorher in die Verantwortung von anderen Fachabteilungen fielen, fanden sich nunmehr im Organigramm des Personalressorts. Klassiker, wie die Kantine, der Werkschutz, die Reinigungsfirma, die Telefonzentrale, die Stellenbewertungen, der Werksarzt, durften künftig an den Personalleiter berichten.

Der Vorläufer des Business-Partner-Modells bekam die Bezeichnung Personalreferentensystem. Auch ich erhielt in den 1990er Jahren die Chance, als Personalreferentin zu arbeiten. Als Personalreferentin gehörten alle personalwirtschaftlichen Belange eines abgegrenzten Geschäftsbereiches zu meinem Verantwortungsbereich. Die Herausforderung für den Personalleiter bestand darin, bei diesem System genau darauf zu achten, dass die Personalreferenten im Sinne des Unternehmens handelten und nicht als persönliche PersonalleiterIn der Linienvorgesetzten. Im Laufe meiner Karriere als Personalleiterin an einem Standort mit verschiedenen autonomen Divisionen hatte ich ebenfalls die Idee, diese Organisationsform durchzusetzen und musste eingestehen, dass das Referentensystem an seine Grenzen stößt. Entweder aufgrund von Überforderung des jeweiligen Referenten oder Referentin oder, weil der Geschäftsbereich versuchte, den MitarbeiterIn für seine Belange zu instrumentalisieren, insbesondere bei Gehaltsveränderungen, Beförderungen, Trainingsmaßnahmen oder bei der Auswahl von Bewerbern. Daraufhin entschloss ich mich, eine Matrix-Organisation aufzubauen, mit Spezialisten für die Personalentwicklung und das Recruiting. Das Referentensystem blieb allerdings weiterhin bestehen. Den Bereich Payroll übernahm ein professioneller externer Dienstleister und verschlankte somit das Personalressort. Unter großen Protest und Widerstand von den Führungskräften führten wir bereits vor 20 Jahren, den Selfservice ein.

Zum Leidwesen vieler dezentral organisierten HR-Abteilungen entschieden Unternehmensführungen in größeren Organisationen eine zentrale Personalabteilung aufzubauen, die überwiegend für strategische Handlungsfelder die Verantwortung bekam. Die von der Zentrale am Grünen Tisch entwickelten Konzepte **mussten** von den dezentralen Personalbereichen umgesetzt werden, was oft zu vielen Spannungen führte. Der regionale respektive divisionale HR-Manager geriet in einen Machtkampf zwischen Zentrale und Division, insbesondere wenn sein direkter Vorgesetzter die „Besserwisser" von der Zentrale nicht respektierte.

Die Organisation des HR-Bereichs geriet auch in den Fokus der Wissenschaft. Rolf Wunderer, einer der führenden Köpfe im Bereich Personalmanagement, zeigt auf, wie die Transformation des Personalwesens von der Personaladministration zum Wertschöpfungs-Center gelingen kann (Wunderer & Dick, 2007). Im Einzelnen diskutiert Wunderer unterschiedliche Center-Konzepte wie das Cost-Center, das Revenue-Center und das Profit-Center. Das Personalwesen als Cost-Center ist eine Organisationsform, die in der Praxis, speziell in Großunternehmen, Akzeptanz gefunden hat.

Christian Scholz, ein weiterer Pionier im Bereich Personalmanagement, entwickelte die Vorstellung von einer virtuellen Personalabteilung, eine Grundidee der 1990er Jahre, als man über virtuelle Organisationen nachdachte (Berthel, 2000, S. 419). Dahinter verbirgt sich die Vorstellung, die Personalabteilung als Ganzes aufzulösen, die Mitglieder in andere wertschöpfende Fachbereiche zu verteilen und dafür ein Netzwerk von internen und externen Experten aufzubauen, die für bestimmte fachliche oder soziale Kompetenzen qualifiziert erscheinen. Ein mutiges und fortschrittliches Konzept, das man unbedingt aufgreifen sollte, um es weiterzudenken.

Das derzeit bekannteste Organisationsmodell für das Personalwesen ist das Business-Partner-Modell von Dave Ulrich. Eine Organisationsform, die Ulrich vor mehr als 20 Jahren entwickelte und aufzeigt, unter welchen Voraussetzungen, es dem Personalressort gelingen kann, zu einem anerkannten Business-Partner aufzusteigen. Viel Zeit ist seitdem vergangen und ich bin mir nicht sicher, ob die meisten HR-Verantwortlichen die Forderung von Ulrich verinnerlicht haben und sein Modell in der Organisation leben oder ob sie weiterhin zahnlose Tiger sind. Dabei ist das Ulrich-Modell genial einfach umzusetzen und ermöglicht, es an die individuellen Belange der Organisation anzupassen. Allerdings gebe

ich zu bedenken, dass kein Modell automatisch einem Personalverantwortlichen den „seat on the table" garantiert. Es liegt schon an ihm oder
ihr, mit den richtigen Taten zu beweisen, dass ihr dieser Platz zusteht.
Näheres zu dem Modell von Ulrich und den Tücken beschreibt Anne
Hünninghaus in einem Beitrag im Human Resource Manager (2022).

Und weiter geht es mit neuen HR-Organisationsmodellen. Dieses
Mal im agilen Kontext, mit dem Ziel herauszufinden, welches HR-
Modell als geeignet erscheint, die Transformation zu einer agilen Organisation zu unterstützen (Früh et al., 2020). Die Bewertung der vier
konzipierten Modelle Corporate Agility Organization (CAO), Run and
Change, Agile Edgellence und Transformational HRM hat ergeben,
dass kein Modell den Anforderungen an die steigende Komplexität genügt. Die Autoren vermuten, dass die Modelle nicht im Kontext des
jeweiligen Organisationszustands betrachtet wurden, den sogenannten
Reifegrad (Früh et al., 2020, S. 48).

Sehr interessant für die zukünftige Arbeitswelt bewerten wir das Konzept von Häusling und Stephan (2020), einer HR-Hybrid-Organisation
in Verbindung mit der Idee einer agilen HR-Netzwerk-Organisation.
Das Konzept ähnelt unseres Erachtens sehr stark an der Vorstellung
von Christian Scholz über eine virtuelle Organisation. Die HR-Hybrid-
Organisation folgt der Logik der Ambidextrie und ist die Weiterentwicklung des Business-Partner-Modells. Dies bedeutet, die Fähigkeiten
sowohl als auch die Effizienzverbesserung in den traditionellen Funktionen weiterzubetreiben. Zusätzlich ein Transformations-Netzwerk von
Experten aufzubauen, das Neues ausprobiert, experimentierfreudig ist,
um auf die Dynamik und Komplexität der Märkte zu reagieren (Häusling & Stephan, 2020); aber auch um die Bedürfnisse der unterschiedlichen Fachbereiche mit einem gewissen „sense of urgency" zu bedienen.
Beide Modelle laufen allerdings Gefahr, zu einem Overengineering zu
verkommen.

Einige Gedanken zum Schluss: Seit Jahren steht die Personalfunktion, wie keine andere Funktion im Unternehmen, unter dem kritischen Blick der Kosten-Nutzen-Analyse und muss Ressourcenkürzun-
gen akzeptieren, was grundsätzlich in Ordnung ist. Jede Funktion im
Unternehmen trägt die Verantwortung, dafür zu sorgen, regelmäßig ihre
Effizienz und Effektivität zu überprüfen. Bezogen auf das Personalwesen

ist es allerdings ein zweischneidiges Schwert. Einerseits verlangen die Linienvorgesetzte und das Management vom HR-Management mehr Flexibilität, bessere Unterstützung bei personalwirtschaftlichen Problemen, eine höhere Umsetzungsgeschwindigkeit, weniger Bürokratie oder mehr Kreativität und Innovation bei der Entwicklung von zeitgemäßen HR-Instrumenten. Jedoch bürdet man der Personalfunktion immer mehr nicht HR-relevante Themen auf, die man anderen Funktionen nicht so richtig zuordnen kann, oder weil keiner in der Organisation diese machen will. Das kostet Zeit und Ressourcen für den HR-Bereich genauso wie Schnellschüsse aus dem Management, die das Personalwesen oftmals zwingen, den „Tatortreiniger" zu spielen. Dies erschwert ungemein, eine passende und stabile HR-Organisation aufzubauen.

2.4 Der typisch deutsche Personalleiter – für immer Verwaltungsexperte und Kümmerer?

Gibt es ihn wirklich, den typisch deutschen Personalleiter? Wir denken schon, dass es ihn gibt. Geprägt haben ihn die Arbeitsaufgaben, die er entweder in der Praxis ausgeübt hat oder die Wissenschaftler im Rahmen von Studien oder Arbeitskreisen für ihn entwickelten. In den 1950er Jahren betrachtete man die Aufgaben, Stellung und Einordnung des Personalleiters als funktionelle und institutionelle Funktion wie folgt: „der Personalleiter ist für den gesamten personellen Bereich (Personal- und Sozialwesen) im Betrieb verantwortlich" (Goossens, 1959, S. 91). Basierend auf dieser Aussage definierte Goossens für den Personalleiter drei Grundaufgaben:

1. Planung der Arbeitsplätze
2. Besetzung der Arbeitsplätze
3. Entgeltfindung, einschließlich Sozialleistungen (Goossens, 1959, S. 105)

Die drei Gesamtaufgaben unterteilte Goossens schließlich in viele Teilaufgaben, die wir Ihnen auf keinen Fall vorenthalten möchte, da diese unseres Erachtens klar belegen, warum der Geruch des Verwalters bis heute derart das Profil prägen.

Die Grundaufgabe **Planung der Arbeitsplätze** unterteilt Goossens in Planung und Gestaltung der Arbeitsplätze, Organisations- und Stellenplan und einen Tätigkeitskatalog mit Dienstbezeichnungen. Die Grundaufgabe **Besetzung der Arbeitsplätze** kategorisierte Goossens in Beschaffung von Arbeitskräften, Einstellung neuer Arbeitskräfte, innerbetriebliche Versetzung, Kündigung und Entlassung (Goossens, 1959, S. 13 f.). Die **Entgeltfindung** umfasst die Grundlagen der Leistungsbereitschaft, Arbeitsbewertung, Leistungsbewertung, Entgeltgestaltung, Lohnformen, Lohnabrechnung und -zahlung. Die **Sozialleistungen** beinhalten Zuwendungen wie die betriebliche Altersversorgung, die Kantine, Beihilfen und Darlehen (Goossens, 1959, S. 107). Da nicht alle Aufgaben in die drei Grundaufgaben einen Platz fanden, aber diese trotzdem in die Verantwortung der Personalleitung fallen, wurden diese separat aufgeführt wie die Organisation von Arbeitszeit und Pausen, Urlaubs- und Krankheitsüberwachung, die Entwicklung eines Beurteilungssystems und die allgemeine Personalverwaltung.

Werfen wir noch einen Blick auf das Anforderungsprofil des Personalleiters, das Goossens (1959, S. 92) aus 145 Zeitungsanzeigen zusammenstellte. „Persönlichkeit" und „Autorität" verlangten ein Drittel der Stellengesuche, ein Viertel die Eigenschaften „vertrauenswürdig" oder „verantwortungsbewusst". Während Charakteristiken wie „Ausgeglichenheit", „Aufgeschlossenheit", „Einfühlungsvermögen", „Gerechtigkeitssinn" und „Toleranz" weniger wichtig erschienen.

Bei der Ausbildung dominierte das Verlangen nach einer juristischen Vorbildung. Die Auswertung von Kenntnissen ergab folgende Rangfolge:

- Arbeitsrechtliche Kenntnisse
- Sozialrechtliche Kenntnisse
- Tarifrechtliche Kenntnisse
- Allgemeine juristische Kenntnisse
- Kenntnisse des Steuerrechts
- Kenntnisse des Lohnsteuerrechts
- Ausbildungswesen

- Verwaltungstechnik
- Sozialwesen
- Psychologische Kenntnisse

Die Forderung nach einem neuen Studiengang wurde lauter, damit der zukünftige Personal- und Sozialleiter nicht nur betriebswirtschaftliche Kenntnisse mitbringt, sondern auch sozialpsychologische, die er insbesondere für die Personalauswahl und -einstellung benötigt, wie auch für schwierige Mitarbeitergespräche und bei Konfliktsituationen.

Die hierarchische Eingliederung des Personalleiters sieht Goossens auf der obersten Führungsebene. Besteht die Firmenleitung aus einer einzigen Person, dem Firmeninhaber, ist dieser dann immer auch „Personalleiter" (Goossens, 1959, S. 95). Verteilen sich die Entscheidungsbefugnisse auf mehrere Personen, wird die Personalleiterfunktion als Teilaufgabe einem Mitglied der Geschäftsleitung übertragen oder einem Vorstandsmitglied. Viele Jahre war es üblich, dass der technische Direktor zusätzlich die Personalleiterfunktion für die Arbeiter übernahm, während der kaufmännische Direktor Personalentscheidungen für die Angestellten getroffen hat (Goossens, 1959, S. 95). Eine Konstellation, die zu großen Konflikten führte, da jeder Direktor seine eigene Personalpolitik machte. Über einige Umwege und organisatorische Zwischenschritte entschloss man sich, die Personalleiterfunktion einer Person zu übertragen, die direkt an den Firmenchef oder Vorstandsvorsitzenden berichtete, allerdings mit einer geringeren Rangstufe als die anderen Mitglieder der Geschäftsführung. Somit war der Personalleiter von allen wichtigen Entscheidungen ausgeschlossen und konnte mehr schlecht als recht für die Umsetzung von Personalentscheidungen sorgen. An diesem Zustand hat sich bis heute nur wenig geändert, außer, dass die jetzigen Personalverantwortlichen auf derselben Rangstufe stehen, gut klingende Titel auf der Visitenkarte tragen, aber weiterhin der zahnlose Tiger ist.

In Großunternehmen hatte der Personalleiter einen anderen Stellenwert, hauptsächlich dann, wenn er als Personalvorstand oder Arbeitsdirektor als gleichrangiges Mitglied mit anderen Entscheidern am Tisch gesessen hat, wobei es sehr stark von der Persönlichkeit des Stelleninhabers abhing, ob ihm die Organisation die nötige Anerkennung und

Respekt entgegenbrachte. Personen mit juristischer Ausbildung hatten es sicherlich leichter zu überzeugen als jemand, der den Weg nach oben, mit einer soliden kaufmännischen Ausbildung, geschafft hat, oder Soziologen bzw. Psychologen. Denn Personaldirektoren tragen eine große Verantwortung für das Unternehmen und das Personal. Die Funktion kommt ursprünglich aus der gesetzlich verankerten Montanmitbestimmung. Somit aus den Branchen Kohle und Stahl. In der Montanindustrie war/ist es üblich, dass Gewerkschaftler und/oder Betriebsräte in die Personalabteilung wechselten und oft den Posten des Arbeitsdirektors übertragen bekamen. Waren diese Personen zu Anfang meist noch Autodidakten, wandelte sich das Bild dahingehend, dass sie heutzutage eine juristische Ausbildung vorweisen. Deutlich spürbar war diese Veränderung ab den 1980er Jahren, als bei den Gewerkschaften eine zunehmende Hochschulausbildung im Sozialbereich zum Standard wurde.

Der Arbeitsdirektor ist der Repräsentant der Arbeitnehmerseite in der Unternehmensführung und gleichberechtigtes Mitglied im Vorstand des Unternehmens.

Nahezu eine Dekade später haben sich Dr. Andreas Remer und Prof. Dr. Rolf Wunderer im Rahmen eines Forschungsprojektes unter anderem mit der Frage nach den persönlichen Eigenschaften des idealen Personalleiters auseinandergesetzt. Das Forschungsprojekt umfasste den Zeitraum von 1974 bis 1977 und beschränkte sich auf Großunternehmen im Bundesland Bayern. Befragt wurden Personalleiter, deren Vorgesetzte, Fachabteilungen und Betriebsräte. Als Personalleiter definierten die Forscher die weisungsgebundenen Leiter des Personalwesens (Remer & Wunderer, 1979, S. 59). Die Befragten bewerteten insgesamt 12 Eigenschaftsgruppen siehe Abb. 2.1.

Das Ergebnis zeigt, dass vor 50 Jahren der ideale Personalleiter vorzugsweise sozial geprägte Eigenschaften mitbringen sollte. Am häufigsten nannten die Interviewten *Soziale Intelligenz* mit den Unterpunkten Verhandlungsgeschick, Menschenkenntnis und Wendigkeit, an zweiter Stelle *Soziale Verantwortung,* mit den Unterpunkten Gewissenhaftigkeit Zuverlässigkeit und Gerechtigkeit und an dritter Stelle *Soziale Sensitivität* mit den Unterpunkten Kollegialität, Freundlichkeit und Hilfsbereitschaft. Selbstsicherheit, Durchsetzungsfähigkeit, Entschlossenheit erachteten die Befragten als weniger wünschenswert. Interessant ist die

Eigenschaftsanforderungen an den Personalleiter

Rangfolge der Eigenschaften	Anzahl der Nennungen (Mehrfachnennungen)				
	Gesamt x = 288	Nennungen durch Personalleiter x = 63	Nennungen durch Abteilungsleiter x = 124	Nennungen durch Betriebsrat x = 76	Nennungen durch Geschäftsleiter x = 25
1. Soziale Intelligenz (z.B. Verhandlungsgeschick, Menschenkenntnis, Wendigkeit)	24%	24%	28%	21%	16%
2. Soziale Verantwortung z.B. Gewissenhaftigkeit Zuverlässigkeit, Gerechtigkeit)	22%	24%	21%	16%	40%
3. Soziale Sensitivität (z.B. Kollegialität, Freundlichkeit, Hilfsbereitschaft)	18%	16%	15%	25%	16%
4. Soziale Prägungsfähigkeit (z.B. Selbstsicherheit, Durchsetzungsfähigkeit, Entschlossenheit)	11%	11%	11%	13%	4%
5. Führungsbegabung (a) (z.B. fachlich, leistungsbezogen)	5%	3%	5%	5%	4%
6. Führungsbegabung (b) (z.B. sozial, emotional)	4%	3%	5%	5%	---
7. Intelligenz (z.B. analytische Denkfähigkeit, Gedächtnis, Assoziationsfähigkeit)	4%	5%	4%	4%	4%
8. Erfahrung (praktisch)	3%	3%	2%	5%	---
9. Arbeitseffizienz (z.B. Organisationsfähigkeit,	3%	2%	5%	---	8%
10. Kultiviertheit (z.B. Umgangsformen, Äußeres, Allgemeinbildung)	2%	2%	2%	3%	4%
11. Selbständigkeit (z.B. Unabhängigkeit, Flexibilität)	2%	3%	1%	3%	4%
12. Belastbarkeit (z.B. emotionale Stabilität)	2%	5%	2%	---	---

Abb. 2.1 Eigenschaftsanforderungen an den Personalleiter. (Quelle: Remer & Wunderer, 1979, S. 178)

Bewertung der Geschäftsleiter, wo lediglich 4 % diese Eigenschaften als relevant bewerteten. Weder der Personalleiter noch die anderen Befragten sehen es als wünschenswert an, dass der Personalleiter als proaktives, verantwortliches, selbstständig denkendes und flexibles Mitglied auftritt (Remer & Wunderer, 1979, S. 183).

Eine Denkweise, die über Jahrzehnte in Unternehmen (weniger in Großbetriebe und Konzerne) als verfestigt galt.

Im Jahre 2007 erfolgte erneut eine Analyse über Rollen und Kompetenzen von Personalmanager für 2010. Als Bewertungsgrundlage diente das HRM-Rollen Modell nach Dave Ulrich, das die folgenden Rollen aufweist: strategischer Partner der Geschäftsleitung, administrativer

Experte, Helfer/Förderer der Mitarbeiter und Change Agent (Wunderer & Dick, 2007, S. 228). Man wird es kaum glauben, nahezu 30 Jahre später ist für die Linien-Verantwortlichen und die Mitarbeiter der Personalmanager in der Rolle als administrativer Experte bzw. Helfer/Förderer wichtig, während für die Unternehmensleitung und der HR-Funktion der Personalmanager in der Rolle als strategische Partner und oder Change Agent wichtig ist. Nach Auffassung der Befragten besteht allerdings für die neuen Rollen noch erheblicher Lernbedarf für die Personalmanager.

> Haben sich die Anforderungen an den Personalmanager im Jahr 2024 verändert? Oder ist er immer noch wichtig in der Rolle als Verwaltungsexperte und Kümmerer?

Eine Antwort lieferte mir die Auswertung von offenen Stellen aus den zwei größten Stellenportalen im Internet. Die Abfrage startete am 21. August 2024. Der Suchbegriff lautete Personalleitung oder HR-Manager. Positionen mit Zusatzbezeichnungen wie Personalleitung Recruiting oder Personalleitung People & Culture oder HR-Manager Administration fanden keine Berücksichtigung. Insgesamt filterten wir ein Dutzend offene Positionen aus den Portalen und achtete darauf, dass Unternehmen aus verschiedenen Branchen mit einer Mitarbeiteranzahl zwischen 500 und 10.000 berücksichtigt wurden, sodass der Mittelstand sowie Großunternehmen in die Analyse einflossen. Gesucht wurde der Personalleiter/HR-Manager für einen Standort.

Aus den Aufgabenbeschreibungen suchten wir nach Keywords oder bündelte Aufgaben zu Keywords wie Personalaktenpflege, Versetzungen, Arbeitsverträge schreiben, Zeugnisse erstellen als **Personaladministration.** Somit war es möglich, aus den Keywords eine Word-Wolke zu erstellen, (Abb. 2.2). Die am häufigsten genannten Aufgaben erkennt man anhand der Schriftgröße in der Word-Wolke. Im Fokus steht das **Recruiting,** die **Beratung,** die **Personalverwaltung** und das **Konzipieren.**

Abb. 2.2 Anforderungen Personalleiter 2024. (Quelle: Eigene Darstellung)

Beim **Recruiting,** das den ersten Platz einnimmt, erwarten die potenziellen Arbeitgeber vom BewerberIn die Verantwortung für den gesamten Recruiting-Prozess. Zwischen den Zeilen konnte man entnehmen, dass neben dem operativen Recruiting auch strategisches Handeln in dem Prozess eine Rolle spielt. Also mehr als das Besetzen von offenen Positionen.

An zweiter Stelle steht die **Beratung.** Wie aus einem Munde fordern einige Firmen:

- „Beratung und Unterstützung der Führungskräfte und Mitarbeiter in allen personalrelevanten Themen",
- „Impulsgeber und Ansprechpartner der Geschäftsführung sowie Berater der Führungskräfte in allen personal- und arbeitsrechtlichen Fragen",
- „Beratung von Führungskräften in allen HR-relevanten und arbeitsrechtlichen Fragen".

Die **Personalverwaltung** rangiert auf Platz drei der Anforderungsliste. In diesem Feld reicht die Bandbreite von der Vertragsgestaltung, Entgeltabrechnung bis hin zur Erstellung von Zeugnissen.

Auf den vierten Platz steht das **Konzipieren.** Für mich die interessanteste Dimension, da es hier um die Entwicklung und Umsetzung der HR-Strategie geht, oder das Konzipieren und Optimieren von HR-Prozessen, HR-Instrumenten oder modernen HR-Konzepten. Allerdings weniger wichtig als die Personalverwaltung.

Dass das Beschaffungsmanagement an oberster Stelle der Anforderungsliste rangiert, ist wahrhaftig keine Überraschung. Ohne Manpower ist es dem Unternehmen kaum möglich, Wachstum zu generieren. Erfreulich ist, dass die Erwartung über die einfache Stellenbesetzung hinausgeht. Gefordert ist, die Verantwortung zu übernehmen, den Recruiting-Prozess optimal zu gestalten. Endlich bekommt der HR-ManagerIn die Chance zu zeigen, dass er oder sie mehr kann als Personaladministration. Daneben gibt es noch eine weitere positive Komponente, die Forderung nach innovativen und kreativen HR-Konzepten, die hinter dem Keyword *Konzipieren* subsumiert wurde.

Bei den Aufgabenschwerpunkten „Beratung" und „Personalverwaltung" vermutet man nach wie vor die Suche nach einem Kümmerer und Verwaltungsexperten, was nicht ganz zutrifft. Die Anforderungen tendieren, in die Richtung Business-Partner einzuschlagen. Das inspirierte uns wiederum, offene Stellen mit der Bezeichnung „Business Partner" auf ihre Anforderungen hin zu analysieren. Dazu griffen wir wiederum auf Daten derselben Jobportale zu und wendete dieselben Suchkriterien an in Bezug auf Branche und Firmengröße sowie dieselbe Methodik. Die geringe Auswahl von lediglich 10 Unternehmen ist dem Umstand geschuldet, dass zum Zeitpunkt der Abfrage überraschend wenige offene Stellen mit der Bezeichnung „Business Partner" für die Analyse zur Verfügung standen und zum anderen, wollten wir lediglich ein Gefühl bekommen, ob sich gravierende Unterschiede zu den Anforderungen „Personalleitung" zeigen. In der Abb. 2.3 stechen drei Fokus-Themen heraus: An erster Stelle steht dieses Mal **Beratung,** gefolgt von **Betriebsrat** und **Projektarbeit.**

In Bezug auf *Beratung* ist vom Business-Partner ein deutlich höheres Niveau gefordert als vom Kollegen Personalleiter. Zur Verdeutlichung beispielhaft einige Auszüge aus den Anforderungsprofilen:

- „Als Sparringpartner auf Augenhöhe tragen Sie dazu bei, die Effizienz und den Erfolg des Unternehmens kontinuierlich zu verbessern".

Abb. 2.3 Anforderungen Business-Partner 2024. (Quelle: Eigene Darstellung)

- „Du begleitest als strategischer Partner die Fachbereiche aktiv bei organisatorischen Veränderungen und bei der Personalplanung".
- „Beratung der Führungskräfte zu strategischen HR-Prozessen (z. B. Organisationsstruktur, Talent-Management, Compensation and Benefits etc.)"
- „Beratung und Begleitung der Führungskräfte in allen HR-relevanten arbeitsrechtlichen, betrieblichen und führungsspezifischen Angelegenheiten, einschließlich Performance und Talent Management, Umstrukturierungen, Vergütungs- und Kündigungsprozess mit dem Ziel einer intensiven Business-Partnerschaft und klaren Orientierung an den Business-Anforderungen."

Dass, die vertrauensvolle Zusammenarbeit mit den Arbeitnehmervertretungen im Anforderungsprofil einen hohen Stellenwert aufzeigt, kann im Zusammenhang stehen mit den zahlreichen Change-Projekten, die es umzusetzen gilt. Das wiederum kann abgeleitet werden aus dem Keyword *„Projektarbeit"*, das eine höhere Wichtigkeit aufzeigt im Vergleich zum Personalleiter. In allen untersuchten Stellenausschreibungen erwarten die Unternehmen vom BewerberIn, eine aktive Rolle im Konzipieren, Umsetzen und Vorantreiben von zukunftsorientierten HR-Projekten, und die Optimierung von HR-Prozessen.

Um das Bild der Personalfunktion abzurunden, zum Schluss noch einen Blick auf die Eigenschaftsanforderungen eines HR-Direktors, CHRO (Chief Human Resource Officer), oder CPO (Chief People Officer). Die entsprechenden Informationen lieferten Ausschreibungen in den Stellenportalen oder Veröffentlichungen über Beförderungen. Ein reizvolles Aufgabenspektrum erwartet die zukünftigen StelleninhaberInnen. An erster Stelle stehen die verschiedenen strategischen Aufgaben von der Entwicklung und Umsetzung einer modernen HR-Strategie mit den entsprechenden Zielen, Standards und Prozessen hin zu einer zukunftsweisenden HR-Landschaft zu gestalten, Entwickeln von daten- und faktenbasierten Entscheidungsgrundlagen. Ebenso forderten die suchenden Unternehmen Expertenwissen in der Digitalisierung, Change-Management und Organisationsentwicklung. Die potenziellen MitarbeiterInnen berichten ausnahmslos an den Vorstand oder CEO. Somit erscheint es mehr als selbstverständlich, dass der oder die Stelleninhaber zum engen Kreis der Geschäftsleitung gehören. Offen bleibt die Frage:

> Ist der CHRO, CPO strategischer Partner auf Augenhöhe und gleichberechtigtes Mitglied im Vorstand wie seine Vorstandskollegen oder ein Ritter ohne Schwert?

Zum Abschluss noch ein paar Gedanken zur Karriereentwicklung im Personalwesen.

Einmal PersonalerIn immer PersonalerI?

Ist das, das Schicksal der Menschen, die sich für einen Werdegang im Personalwesen entschieden haben? Man kommt rein in den Kamin, aber nicht mehr raus?

Aus eigener Erfahrung wissen wir, dass dem Personaler oft die unternehmerische Kompetenz abgesprochen wird. Hinzu kommt die abwertende Bemerkung von manch einer Führungskraft: „Personal kann doch jeder". Sich gegen diese Behauptung zu stellen, in dem sie beweisen, dass sie durchaus in der Lage sind, eine eigenständige unternehmerische

Rolle auszuüben, fällt den meisten Personalern schwer. Dann doch lieber hinter der Administration verstecken oder in Einzelaktivitäten wie Recruiting, Statistiken oder dem Organisieren von Trainingsmaßnahmen zu verheddern.

Fazit

Es bewegt sich etwas, zwar langsam, aber immerhin in die richtige Richtung. Um es mit den Worten von Konfucius auszudrücken: *„It does not matter, how slowly you go as long as you do not stop".* Die Unternehmen haben erkannt, dass Personalarbeit mehr ist, als Akten verwalten, Statistiken erstellen und Gehälter auszahlen. Neue Konzepte und Ideen müssen entwickelt und umgesetzt werden, die eine menschenzentrierte Personalarbeit unterstützen.

Jetzt liegt es an HR, die Aufgabenvielfalt zu nutzen, um vom Alleskönner zum Business-Partner auf Augenhöhe heranzuwachsen. Können und Wollen bilden hierfür das Fundament, endlich den Staub der Vergangenheit abzustreifen. Die Transformation des eigenen Bereichs spielt in diesem Kontext eine entscheidende Rolle, wie schnell der typische deutsche Personalleiter, bekannt als Verwaltungsexperte und Kümmerer, der Vergangenheit angehört. Das Vorantreiben der Digitalisierung im eigenen Bereich ist eine der Grundvoraussetzungen. Allerdings nicht Allheilmittel. Vielmehr ist HR gefordert, sich zu bewegen. Insbesondere in seinem Rollenverständnis. In Kap. 3 zeigen wir auf, wie das gelingen kann.

Literatur

Anderson, K. (31. Januar 2022). Kann HR Nachhaltigkeit? (Haufe.de, Hrsg.). *hr-management.* https://www.haufe.de/personal/hr-management/welchen-beitrag-hr-zur-nachhaltigkeit-in-unternehmen-leistet_80_559648.html. Zugegriffen: 7 Jan. 2025.

Argyle, M. (2001). *The Psychology of Happiness* (Bd. 2). Routledge.

Berner, W. (2019). *Culture Change. Unternehmenskultur als Wettbewerbsvorteil.* Schäffer-Poeschel.

Berthel, J. (2000). *Personal-Management. Grundzüge für Konzeptionen betrieblicher Personalarbeit* (Bd. 6). Schäffer-Poeschel Verlag.

Best, O. (2021). *Die Entwicklung einer Personalstrategie am Beispiel von Union Investment IN: Modernes Personalmanagement – strategisch – operativ – systemisch* (Bd. 3). SpringerGabler. https://doi.org/10.1007/978-3-658-34876-2.

Dull, D. (2023). New Work – die Illusion von der großen Freiheit. *Ausprägungen der neuen Arbeitswelt.* Springer Gabler. https://doi.org/10.1007/978-3-658-41220-3.

Eppinger, M. (9. Februar 2023). *hr-passionista.com.* https://www.hr-passionista.com/von-hr-zu-people-culture-imageverbesserung-durch-neuen-namen/#about. Zugegriffen: 25. Juli 2024.

Femppel, K. (2000). *Das Personalwesen in der deutschen Wirtschaft.* Hampp.

Früh, A., Menges, D., & Fischer, S. (2020). Eine kurze Analyse aktueller Modelle zu HR und Transformation. In A. Häusling & S. Fischer (Hrsg), *Der Weg zur agilen HR-Organisation. Modelle und Praxisbeispiele für erfolgreiche Transformationen* (Bd. 1). Haufe-Lexware GmbH & Co.KG.

Geffroy, E. K. (2022). *Wissenskrieger. Von Big Data zu Brain Data.* Redline Verlag.

Godinho, T., Reis, I. P., Carvalho, R., & Martinho, F. (2023). Onboarding handbook: An indispensable tool for onboarding processes. *Administrative Sciences, 13*(79), 21. https://doi.org/10.3390/admsci13030079.

Goossens, F. (1959). *Handbuch der Personalleitung. Personalorganisation und Personalführung.* Verlag Moderne Industrie.

Häusling, A., & Stephan, F. (2020). Agile Reifegrade in den HR-Organisationsmodellen. *Der Weg zur agilen HR-Organisation. Modelle und Praxisbeispiel für erfolgreiche Transformationen.* Haufe-Lexware GmbH & Co.KG.

Heider-Willms, A. (1. Juli 2024). Die Bezeichnung „Personalabteilung" ist am glaubwürdigsten. *Personalwirtschaft.* https://www.personalwirtschaft.de/news/hr-organisation/die-bezeichnung-personalabteilung-ist-am-glaubwuerdigsten-177120/#:~:text=Die%20Bezeichnungen%20%E2%80%9EPeople%20%26%20Operations%E2%80%9C,Personalabteilung%2C%20Personal%2C%20Personalwesen%E2%80%9C. Zugegriffen: 30. Juli 2024.

Hünninghaus, A. (22. März 2022). Braucht es noch HR Business Partner? *Human Resource Manager.* https://www.humanresourcesmanager.de/content/braucht-es-noch-hr-business-partner/. Zugegriffen: 7. Aug. 2024.

Jacob, M. (2023). Digitalisierung der Arbeitswelt. *Gegenwart und Zukunft.* Springer Gabler. https://doi.org/10.1007/978-3-658-40603-5.

Lebrenz, C. (2020). *Strategie und Personalmanagement. Konzepte und Instrumente zur Umsetzung in Unternehmen* (Bd. 2). Springer Gabler. https://doi.org/10.1007/978-3-658-29033-7.

Lisantix. (unbekannt). *Lisantix.com*. https://lisantix.com/abkuerzung-hr-definition/. Zugegriffen: 25. Juli 2024.

Onderka, L. (20. März 2023). Wie heißt die Personalabteilung in Unternehmen? *Personalwirtschaft*. https://www.personalwirtschaft.de/news/hr-organisation/wie-heisst-die-personalabteilung-in-unternehmen-152926/#:~:text=Weit%20verbreitet%20sind%20auch%20die,wird%20die%20Personalabteilung%20HR%20genannt. Zugegriffen: 25. Juli 2024.

Remer, A., & Wunderer, R. (1979). *Personalarbeit und Personalleiter im Großunternehmen. Ein Forschungsbericht*. Duncker & Humblot.

Rosenberger, B. (2020). *Modernes Personalmanagement. Strategisch – operativ – systemisch* (Bd. 3). Springer Gabler. https://doi.org/10.1007/978-3-658-34876-2.

Rosenberger, B., & Kreil, K. (2021). Interne Kommunikation – der unterschätzte Faktor im Unternehmen. In B. Rosenberger (Hrsg), *Modernes Personalmanagement. Strategisch – operativ – systemisch* (Bd. 3). Springer Gabler. https://doi.org/10.1007/978-3-658-34876-2.

Taris, T. W., & Schreurs, P. J. (2009). Well-being and organizational performance: An organizational-level test of the happy-productive worker hypothesis. *Work&Stress, 23*(2). https://doi.org/10.1080/02678370903072555.

van Dam, N. H. (2022). *Learning & Development im 21. Jahrhundert. Trends & Best Practices*. bookboon.com.

Winkler, S., Huber, R., & Wulf, D. U. (2023). People Analytics in der Praxis. In B. Karcher-Werkmann, A. Müller, & T. Zbinden, *Personalpsychologie für das Human Resource Management*. Springer.

Wunderer, R., & Dick, P. (2007). *Personalmanagement – Quo vadis?* Luchterhand-Fachverlag.

Zukunftsinstitut. (2024). *DGFP -HR-Zukunftsstudie-2024*. file:///C:/Users/doris/Downloads/DGFP-HR-Zukunftsstudie-2024_lang.pdf. Zugegriffen: 10. Juli 2024.

3

Rolle und Aufgaben von HR in den strategischen Kernprozessen – das Spannungsfeld mit Linienvorgesetzten und dem CEO

Zusammenfassung In diesem Kapitel werden die Rolle und Aufgaben der HR-Funktion in den strategischen Kernprozessen erläutert, was bisher in der Literatur kaum Beachtung gefunden hat. Stattdessen existieren zahlreiche Publikationen, die sich intensiv mit der Analyse und Beschreibung der Kernprozesse und spezifischen Handlungsfelder befassen. Folglich kann das Personalwesen lediglich erahnen, welche Kompetenzen und Aufgaben dadurch für sie im Raum stehen. Im Klartext bedeutet das, jeder sucht sich aus, was gerade seinen Präferenzen entspricht oder modern erscheint. Unser Ansatz und Zielsetzung gehen einen anderen Weg. Wir machen deutlich und unmissverständlich klar, welche Aufgaben und Rolle die HR-Funktion in den strategischen Kernprozessen Personalplanung und -controlling, der Personalbeschaffung, der Personal- und Organisationsentwicklung, dem Performance-Management, der Entgeltfindung und dem Trennungsmanagement zu übernehmen hat. Dabei haben wir Wert daraufgelegt, so weit wie möglich, den Nachhaltigkeitsgedanken mitzuberücksichtigen. Gleichermaßen war es in diesem Zusammenhang unser Anliegen aufzuzeigen, warum es immer wieder zu Spannungen zwischen der HR-Funktion, den Linienvorgesetzten und dem CEO kommt und wie diese minimiert werden können.

D. Dull und U. L. Zischewski, *HR – vom administrativen Experten zum strategischen Business-Partner*, https://doi.org/10.1007/978-3-658-47871-1_3

3.1   Personalplanung und -controlling

Die Personalplanung ist ein integrativer Teil der Unternehmensplanung und basiert auf einer Vielzahl von Teilplänen, die von den Linienvorgesetzten erstellt werden. Lange Zeit war es üblich, dass die Personalplanung ausschließlich aus einer Kopfzahlplanung bestand, die vom Finanzbereich gesteuert wurde. Es ging sogar so weit, dass in manchen Unternehmen die Finanzleute den Linienvorgesetzten den Personalbedarf für das kommende Geschäftsjahr festlegten.

Mit viel Glück erhielt die HR-Funktion den SOLL-Bedarf für das kommende Geschäftsjahr und durfte aus manuellen Excel-Listen mühsam den Soll-Ist-Vergleich selbst zusammenstellen. Jeder verwendete eigene Systeme und unterschiedliche Daten, was unweigerlich zu Diskussionen und Spannungen führte. Die Vorgesetzten, meist auch der Finanzbereich, haben ständig die korrekte Berechnung des IST-Bestandes von der Personalabteilung angezweifelt. Eine ungesunde Situation, wenn nicht eindeutig klar ist, wie viele MitarbeiterInnen tatsächlich im Unternehmen beschäftigt sind und das SOLL-IST GAP eine falsche Wirklichkeit aufweist. Oder noch schlimmer, wenn das unrichtige Zahlenwerk zu falschen Entscheidungen führt, die Arbeitsplätze der MitarbeiterInnen betreffen.

Es ist erfreulich, dass heute die Lage anders aussieht und die Unternehmensführung erwartet, dass die Personalabteilung eine zentrale Rolle bei der Personalplanung spielt. Wir gehen sogar noch einen Schritt weiter und behaupten, dass HR der Prozessverantwortliche für die Personalplanung ist und nicht nur der Erfüllungsgehilfe für die Linienvorgesetzten. Mit dieser Behauptung stehen wir glücklicherweise nicht alleine da. Bereits in den 1990er Jahren vertrat Dave Ulrich die Meinung, dass HR im strategischen Planungsprozess in der Rolle als strategischer Partner auftreten muss (Ulrich, 1988, S. 65). Somit gehört die HR-Funktion als Prozessverantwortlicher bereits in der Planungsphase der Linienvorgesetzten mit an den Tisch. Nicht als stummer Beisitzer, sondern als kritischer, konstruktiver Business-Partner. In dieser Rolle ist es unbedingt notwendig, dass HR die Aufgaben, Ziele und Abläufe in den Linien kennt. Ansonsten verfehlt er seine Rolle, mehr Fragen zu stellen, als Antworten zu liefern (Ulrich, 1988, S. 66).

Ausschlaggebend für die veränderte Anspruchshaltung sind der demografische Wandel, der Fachkräftemangel, die schwindende Loyalität der MitarbeiterInnen zum Unternehmen, die Mobilität der BewerberInnen und MitarbeiterInnen, die Forderung nach Nachhaltigkeit und die Dynamik unserer Arbeitswelt.

Folglich ist aus einer einfachen Kopfzahlplanung eine komplexe Bedarfsanalyse entstanden bis hin zur Ermittlung eines zukunftsorientierten Soll-Bedarfs in quantitativer, qualitativer als auch in zeitlicher Hinsicht (Berthel, 2000, S. 148).

In der Rolle als Prozessverantwortlicher besteht die Aufgabe von HR, zusammen mit dem Finanzbereich darin, den zeitlichen Rahmen der Personalplanung festzulegen sowie die Planungsmodalitäten zu bestimmen. Zu den Planungsmodalitäten gehört ein Zeitplan, aus dem zu entnehmen ist, wer was, bis wann und in welcher Form zu liefern hat.

Grundsätzlich tragen die Linienvorgesetzten die Verantwortung für ihren Bereich, den quantitativen und qualitativen Personalbedarf für das nächste Geschäftsjahr zu planen, besser noch für die nächsten drei bis fünf Jahre. Eine korrekte Bedarfsanalyse durch die Vorgesetzten kann nur erfolgen, wenn die HR-Funktion der Linie eine einheitliche, vollständige und fehlerfreie Datenbasis zur Verfügung stellt, und zwar in Form eines professionell strukturierten Stellenbesetzungsplanes. Zur Erinnerung, ein Stellenbesetzungsplan ist mehr als ein Stellenplan, der lediglich die Anzahl von Stellen in einer Organisation aufzeigt. Ein Stellenbesetzungsplan dagegen zeigt die Stellenbezeichnung, den Stelleninhaber, dem die Stelle zugeordnet ist, die Abteilungsbezeichnung, die Hierarchie, ob die Stelle befristet ist, ob es sich um eine Vollzeit oder Teilzeitstelle handelt und vieles mehr.

Den Stellenbesetzungsplan zu digitalisieren, ist aus unsere Erfahrung die oberste Priorität für die HR-Funktion, besonders wenn das Unternehmen mehrere Hundert MitarbeiterInnen beschäftigt. Bei unseren Recherchen konnten wir leider nur einen Softwareanbieter finden, der eine cloudbasierte Lösung anbietet und technisch in der Lage ist, die entsprechenden Daten aus den Vorsystemen zu ziehen. Ergänzend dazu weisen wir darauf hin, dass die Digitalisierung des Stellenbesetzungsplanes nicht nur die Übertragung einer selbst gestrickten Excel-Liste in eine beliebige Software ist, um die Administration zu verringern, sondern ist Teil eines komplexen People-Analytics-Tools, das neben dem Recruiting, die Personalentwicklung sowie das Performance-Management, die Geschäftsführung, die Linienvorgesetzten, den Aufsichtsrat und den Betriebsrat mit wichtigen Informationen versorgt.

Ein professionell aufgebauter Stellenbesetzungsplan sollte sowohl auf Abteilungsebene, Region, Standort oder individuell definierte Kriterien Auswertungen und Analysieren ermöglichen.

Bevor mit dem Aufbau oder der Digitalisierung eines Stellenbesetzungsplans begonnen wird, ist mit dem CEO und den Linienvorgesetzten eine Einigung zu finden, welche Daten sie als Entscheidungsgrundlage benötigen. Nichts ist schlimmer als eine einmal falsch definierte Datenbasis, insbesondere für die Auswahl einer entsprechenden Software. Ist die Datenbasis einmal falsch festgelegt, kann eine erforderliche Fehlerkorrektur erhebliche Ressourcen und Kosten verursachen und das Spannungsfeld zwischen Linienvorgesetzten, dem CEO und der HR-Funktion erreicht eine neue Dimension. Ein weiterer Streitpunkt, den es zu klären gilt, ist die Berechnungsgrundlage des Soll/Ist Bedarfs. Peter Wimmer erklärt im Buch „Personalplanung" genau, wie man den Personalbedarf berechnet (1985).

Gleichermaßen konfliktbehaftet ist die Stellenbewertung, die Auskunft gibt über die Personalkosten im Unternehmen.

> Ist der Finanzbereich oder die Personalabteilung für die Personalkostenplanung verantwortlich?

Eigentlich beantwortet sich die Frage von selbst. Nachdem der HR-Bereich als Prozessverantwortlicher die Personalplanung verantwortet, fällt die Planung der Personalkosten ebenfalls in seine Zuständigkeit. Hier ist das nächste Spannungsfeld vorprogrammiert: die Zusammensetzung der Personalkosten. Die Führungskräfte sehen die Löhne und Gehälter ihrer MitarbeiterInnen als Personalkosten, die Personalabteilung sieht es anders und rechnet die Kosten der Sozialversicherung dazu, das Urlaubs- und Weihnachtsgeld und sonstige freiwillige soziale Leistungen, vergessen werden oft die bezahlten Feiertage, Urlaubstage, Krankentage hinzuzurechnen. Der Finanzbereich zieht den Kreis noch weiter und addiert folgende Posten hinzu: Kantine, Reisekosten, Weiterbildung, Mitgliedsbeiträge, Berufsgenossenschaft, Rückstellungen für Gleitzeitguthaben und Überstunden, Büroausstattung und sonstige strukturelle Aufwendungen.

Und nun? Welche Annahme ist jetzt korrekt? Für die Unternehmensführung ist zunächst einmal wichtig zu wissen, was die Mitarbeiter in meinem Unternehmen kosten. Denn Personalkosten machen schließlich zwischen 20–30 % der Gesamtkosten im Unternehmen aus. Somit bleiben die strukturellen Personalkosten bei der Stellenbewertung außen vor. Viel wichtiger erscheint mir, dass das eingesetzte Tool in der Lage ist, Gehaltsveränderungen, Organisationsveränderungen, die monetäre Auswirkungen haben, mehr Stellen, teure Fachkräfte, Tariferhöhungen, Erhöhungen der Beiträge zur Sozialversicherung und vieles mehr aufzuzeigen und wie sich dadurch der Unternehmensgewinn verändert. Infolgedessen ist es mehr als konsequent, dass die Stellenbewertung durch das Personalwesen erfolgt. Über eine Schnittstelle zum Abrechnungssystem erfolgt die Transformation der entsprechenden Daten in das Personalkostensystem und in einem weiteren Schritt in das Finanzsystem. Das führende System ist immer das Lohn- und Gehaltsabrechnungssystem.

Mit diesen Grundvoraussetzungen ist das Personalwesen gut ausgerüstet, nicht nur ein aussagekräftiges Personalcontrolling zu starten, sondern auch die Transformation zu People-Analytics. Hoffentlich scheitert es nicht am Geld oder an der Kürzung von Ressourcen, so wie in den vergangenen Jahren, sodass sich HR erneut mit selbst gestrickten Lösungen zufriedengeben muss, mit der Folge, dass das Spannungsfeld weiterhin besteht, und der Nachhaltigkeitsgedanke ein unerfüllter Wunsch bleibt.

3.2   Personalbeschaffung und -auswahl

Die Besetzung von Arbeitsplätzen gehört zu der ältesten Form der Personalarbeit. Lange Zeit war es gängige Praxis, dass Direktoren, Abteilungsleiter oder Meister ohne Einbeziehung der Personalabteilung MitarbeiterInnen eingestellt haben, mit fatalen Folgen (Goossens, 1959, S. 164). Selbst ich habe dieses Vorgehen erlebt, als ich im Jahre 2000 als Personalleiterin in einem großen amerikanischen Konzern meine Funktion aufgenommen habe. Vor der Übernahme durch einen amerikanischen Investor gehörte das Unternehmen einem mittelständischen Familieneigner, der die Personalabteilung als reine Verwaltungsstelle führte und der Personalleiter lediglich Erfüllungsgehilfe des Werkleiters in Erscheinung trat Somit hat sich die Praxis der selbständigen Einstellung von Mitarbeitern nach und nach eingeschlichen. Außerdem vertrat man in der Organisation die Meinung, dass die Personalleitung anscheinend die Kontrolle und den Überblick über die Personalorganisation verloren hat. Auch hörte man den Einwand, dass insbesondere bei der Einstellung von gewerblichen MitarbeiterInnen die Personalabteilung viel zu langsam sei. Schließlich kann die Produktion ohne Hände keine Teile produzieren. Viel zu oft haben wir diesen oder ähnliche Einwände von den Linienvorgesetzten gehört, wo die Personalabteilung lediglich als „Legalisierer" von vollendeten Tatsachen ihre Funktion ausübte. Auch wenn diese Zeiten gerade in mittelständischen und großen Unternehmen vorbei sind, steht die Personalabteilung heute im Jahre 2025 unter enormem Druck von den Führungskräften und/oder dem CEO, die offenen Stellen zügig zu besetzen. Denn ohne Manpower geraten die Unternehmensziele in Gefahr. Und hier fängt das Dilemma an. Um den emotionalen Stress und den Druck zu lindern, übergibt man die Personalsuche an externe Dienstleister, wogegen nichts einzuwenden ist, vorausgesetzt dieses Vorgehen ist Teil einer strukturierten und nachhaltigen Recruiting-Strategie. Eine Recruiting-Strategie besteht aus drei Komponenten: einer effizienten Sourcing-Strategie, einem Auswahlprozess und Messkriterien.

Die Sourcing-Strategie

In den vergangenen Jahren haben die Suchwege und die Kandidatenansprache eine starke Veränderung durchlaufen. Gewöhnlich platzierte das Personalwesen entweder in den lokalen Medien ein Inserat und hoffte auf geeignete BewerberInnen, möglichst aus der Region, oder beauftragte gelegentlich einen externen Dienstleister für besonders schwierige Positionen. Später erweiterte man die Suchwege um Auftritte auf Karriere- und Jobmessen, Hochschulmarketing oder motivierte interne Mitarbeiterinnen, mit Anreizprämien Empfehlungen zu geben. Das aktive Ansprechen der KandidatInnen zeigte sich als das gängigste Vorgehen, was dazu führte, dass die Besetzung von offenen Stellen viel zu lange dauerte. Zudem gehörte es zur Vorgehensweise, den Linienvorgesetzten stapelweise Bewerbungsunterlagen zuzuschicken und abzuwarten, bis der Hiring-Manager zu den KandidatInnen seine Einschätzung der Personalabteilung mitteilte. Somit schob man sich den schwarzen Peter gegenseitig zu. Eine Sourcing-Strategie unterbindet diese Form von Verhalten, indem sie den Recruiting-Prozess eindeutig beschreibt, auch in zeitlicher Hinsicht. Eine Sourcing-Strategie enthält Best Practice Suchwege für bestimmte Zielgruppen mit einer klaren Zielsetzung. Eine Herausforderung für das Personalwesen, mit Kreativität und unkonventionellen Ideen zu überzeugen. Dazu braucht es Mut und Überzeugskraft. Außerdem den Mut aufzuzeigen und überzeugend zu erklären, dass die Personalbeschaffung schon lange nicht mehr zu den Kernaufgaben von HR gehört.

Die Personalbeschaffung gehört heute in die Hände von professionellen externen Dienstleistern, die nachweislich Zugang zu einem länderübergreifenden Arbeitsmarkt haben, präsent sind auf den bekannten sozialen Plattformen, bei der Re-location unterstützen, ein qualifiziertes Pre-screening der KandidatInnen durchführen und keine Datenleichen liefern. Leider keine Selbstverständlichkeit. Oftmals umfasst das Pre-screening ein kurzes Telefoninterview oder Video-Call. Als verantwortliche HR-Funktion gehört es zu Ihren Aufgaben, eindeutig den Qualitätsanspruch des Unternehmens zu definieren. Das spart Zeit, Geld, Nervem und Ressourcen.

Die Personalfunktion mit ihren knappen Ressourcen ist heute gar nicht mehr in der Lage, ein qualifiziertes Recruiting durchzuführen. Ein internes Talent-Akquisition-Center aufzubauen, anstelle dessen die Personalbeschaffung outzusourcen, davon rate ich dringend ab. Große internationale Konzerne sind an dieser Idee gescheitert. Dieses Konzept ist unflexibel, erhöht die Schnittstellen und die Fixkosten. Denn eines darf man nicht außer Acht lassen, die Besetzung von offenen Positionen ist stark von der makro- und mikroökonomischen Situation abhängig (siehe Bosch, SAP, Continental, VW, ZF, Viessmann). Spricht man heute über Fachkräftemangel, relativiert sich dieses Phänomen oft plötzlich und die vielen offenen Stellen reduzieren sich gewissermaßen über Nacht auf wenige, dafür komplizierte Anforderungen wie Nachhaltigkeitsexperte, digitale Transformation, künstliche Intelligenz etc. Eine gut durchdachte Sourcing-Strategie muss daher diese Faktoren berücksichtigen und neben den verschiedenen Beschaffungswegen ebenso alternative Besetzungsformen aufzeigen.

Die Personalauswahl
Bei der Auswahl des geeigneten Kandidaten oder der Kandidatin geraten der Hiring-ManagerIn und der HR-ManagerIn vielfach in ein Spannungsverhältnis. Denn es geht immer um die unterschiedliche subjektive Betrachtung der KandidatInnen. Während der Linienvorgesetzte die fachliche Qualifikation, nachweisliche Erfolge oder einen geradlinigen Lebenslauf im Fokus hat, spielen (sollten zumindest) für das Personalwesen die menschlichen Komponenten eine dominierende Rolle.

„Ein fauler Apfel verdirbt den ganzen Korb"

An diesem Sprichwort ist leider immer noch viel Wahres dran. Und genau das darf nicht passieren, dass ein Einzelner, auch wenn er fachlich überzeugt, mit seiner Einstellung und seinem Verhalten das Team spaltet oder die Unternehmenskultur vergiftet. Daher sind Auswahlkriterien ein „Muss" und fester Bestandteil einer gut durchdachten Recruiting-Strategie. Zu vermeiden ist ein One-Size-Fit-Modell. Anstelle dessen ist meine Empfehlung, eine Cluster-Strategie zu entwickeln, das heißt das Festlegen von funktionsspezifischen Auswahlverfahren. An dieser Stelle empfehle ich das Buch von Wegenberger und Wegenberger (2021), das sehr ausführlich über die verschiedenen Auswahlverfahren und Diagnostiktools berichtet. Ganz gleich welches Auswahlverfahren der Personalbereich als geeignet einsetzt, viel bedeutsamer ist, dass die Kriterien für jeden BewerberIn gelten, unabhängig, ob es sich um einen internen oder externen KandidatIn handelt, ob der BewerberIn zu einer ethnischen Minderheit gehört, ob er/sie ein ein Familienmitglied eines Firmenangehörigen ist, oder er/sie der Freund oder Nachbar des CEOs ist.

Betonen möchten wir, dass in der heutigen Zeit, die fachliche Qualifikation bei der Bewerberauswahl kaum noch ein Unterscheidungsmerkmal noch ein Qualitätssiegel darstellt, deshalb ist der HR-Bereich gut beraten, Auswahlkriterien zu verabschieden, die Psychopathen und Narzissen entlarven oder Menschen mit dem Hang zur Wirtschaftskriminalität oder Personen, die sich radikalisieren und/oder in fragwürdigen Foren auftauchen. Um das auszuschließen, ist es einmal mehr von Nutzen, mit Personalberatungen zusammenzuarbeiten, die sich auf diese Themen spezialisiert haben und Analyseverfahren einsetzen, die bestimmte Verhaltensmuster erkennen können. Insbesondere bei der Auswahl von Führungskräften ist es zu empfehlen, einen forensischen Blick auf die Kandidatinnen zu werfen, was mit Sicherheit zu stirnrunzeln in der Organisation führt. Dennoch zeigen die Zahlen einen besorgniserregenden Trend. Das Institut der deutschen Wirtschaft Köln e. V. berichtet in seinem IW-Report 17/2024, dass ca. ein Drittel der Unternehmen in Deutschland von Wirtschaftskriminalität betroffen sind, mit Umsatzeinbußen von bis zu 7,1 %. Die größte Tätergruppe ist das mittlere Management und MitarbeiterInnen mit einem hohen Bildungsniveau, die zur Mittel- oder Oberschicht der Gesellschaft gehören. Für den HR-Bereich sind die empirischen Erkenntnisse entscheidend, die für Wirtschaftskriminelle kohärente Persönlichkeitsmerkmale aufzeigen (Ernste & Potthoff, 2024).

Daten und Fakten
Eine Recruiting-Strategie ohne Daten und Fakten ist lediglich ein Papier mit guten Absichten. Zahlen erzählen Geschichten über den Erfolg oder Misserfolg der Personalsuche oder der Personalauswahl. Die richtige Kennzahl zu definieren, zeichnet sich durch Scharfsinn aus und ist nicht eine Frage der Menge. Zu viele KPIs verwirren, führen zu endlosen Diskussionen und lenken vom eigentlichen Thema ab. Gerade in technisch getriebenen Unternehmen lieben es zahlenaffine ManagerInnen, die Berechnungsmethoden akribisch zu hinterfragen, speziell, wenn das Ergebnis nicht zu ihren Erwartungen passt. Neid und Missgunst der KollegInnen gegenüber der HR-Funktion sind nicht selten versteckte unakzeptable Verhaltensweisen.

> Welche Kennzahl ist geeignet, den Erfolg der Recruiting-Strategie zu messen?

Eine Kennzahl ist immer etwas firmenspezifisches. Jedes Unternehmen hat daher eine andere Zielsetzung sowie andere Probleme, die es mit einer Recruiting-Strategie anstrebt, zu erreichen respektive zu lösen.

Denken Sie an die Zielsetzung der Sourcing-Strategie und der Personalauswahl und leiten Sie davon Ihre Kennzahlen ab. Am überzeugendsten ist ein Kennzahlensystem, das korrelierende Zahlen enthält. Vielleicht finden Sie sogar im Internet die für Ihr Unternehmen passenden Measurements. Das Rad muss doch nicht jedes Mal neu erfunden werden. Und nicht vergessen, Data-Storytelling mit ins Reporting einzubauen, das die Geschichte erzählt, die hinter den Zahlen steht.

3.3   Personal- und Organisationsentwicklung

Personalentwicklung gehört ohne Frage in das klassische Aufgabenportfolio der HR-Funktion, während Mitarbeiterentwicklung zum Verantwortungsbereich der Führungskräfte zählt. Diese erleben ihre MitarbeiterInnen in ihrem Verhalten, in der Zusammenarbeit mit anderen Teammitgliedern oder Funktionen, ob und wie sie diese Aufgaben und Ziele erreichen. Gute Führungskräfte erkennen, wann einzelne Teammitglieder ihre Leistungsgrenze erreicht haben und Erhaltungsqualifizierung benötigen. Aber auch wer von seiner Mannschaft sich langweilt, und eine neue Herausforderung benötigt. Das Personalwesen steht in diesem speziellen individuellen Entwicklungsprozess den Linienvorgesetzten beratend und begleitend zur Stelle. Dasselbe gilt für funktionsspezifische Organisationsveränderungen. Auch hier übernimmt der Personalbereich die Rolle des Beraters. Zu Spannungen kommt es, wenn der Vorgesetzte seinen MitarbeiterInnen Weiterbildungsmaßnahmen versprochen hat, die zu einer individuellen Bevorzugung führen. Oder die geplante Organisationsveränderung führt zu einem Sonderstatus einzelner Organisationsmitglieder wie Firmenwagen, Bonuszahlungen, Business-Flüge, höhere Gehaltsklasse etc. So etwas darf und kann die HR-Funktion in ihrer Rolle nicht dulden. Sie muss die Befugnis besitzen, in diesen Fällen mindestens ihr Veto einzulegen. Außerdem widersprechen solche Alleingänge von Führungskräften gegen den Nachhaltigkeitsgedanken.

Widmen wir uns nun dem Lieblingsthema vieler Personaler, Wissenschaftler und Beratungsunternehmen, der Thematik Personalentwicklung. Offen gestanden, war es nie mein Lieblingsthema. Zu abstrakt und theoretisch empfand ich die entwickelten Konzpete. Heute denke ich anders darüber, weil heute viel pragmatischer mit dem Thema umgegangen wird und umzugehen ist im Vergleich zu den Praktiken einer vergangenen Zeit. Dazu passt ein Statement aus einem unserer vielen Bücher zum Thema Personal- und Organisationsentwicklung. Die Autoren erwähnen den von der DGFP (Deutsche Gesellschaft für Personalführung) formulierten Qualitätsstandard für die Personalentwicklung, dass für die Konzeption, Durchführung und Evaluation fachspezifische Erfahrung von Arbeits- und Organisationspsychologie erforderlich ist (Sonntag, 2005). Personalentwicklung war den Diplom-Psychologen vorbehalten. Mit der Veränderungsdynamik der Arbeitswelt, dem New Work Ansatz und der anhaltenden Diskussion über eine neue Leistungskultur müssen sich zwangsläufig die verantwortlichen MitarbeiterInnen in der Personalentwicklung von der Rolle eines „Bedarfsanalysten" und „Seminarverwalters" verabschieden. Vorbei ist die Zeit, in der zusammen mit externen Anbietern standardisierte Trainingsmodule konzipiert wurden und bestimmte Zielgruppen über mehrere Tage an einem privilegierten Ort tagten. Kosten und Nutzen standen in einem ungesunden Verhältnis.

Ganz oben auf der Beliebtheitsskala stand das Konzipieren von, High Performer Programmen. Es gehörte zum guten Ton und den „must do" in der Organisation. Entweder entsprang die Idee aus einer Forderung der Führungskräfte, die nach einem Heilmittel suchten, das ihnen half, ihre besten MitarbeiterInnen zu halten, oder es war Bestandteil eines Talent-Management-Programms. High-Performer-Programme waren teuer, zeitaufwendig und brachten nie den gewünschten Return on Investment (ROI). High-Performer-Programme führten zu viel Frust und Ärger in der Organisation (Dull, 2024, S. 37 ff.). Frust bei den Vorgesetzten, wenn ihr High-Performer-KandidatIn auf eine höhere Position innerhalb der Firma wechselte oder Frust bei den Kandidaten, wenn keine angemessene höhere Position zeitnah zur Verfügung stand oder aus dem High-Performer überraschend ein Low-Performer wurde.

Unabdingbar und wünschenswert ist es unserer Meinung nach, zukünftig einen anderen Fokus zu setzen, und zwar den Fokus auf High-Potenzial-Programme. High Potenzials zeigen Führungsqualitäten, sind auf einem speziellen Gebiet besonders begabt, haben den Blick für das große Ganze, den Ehrgeiz und das Potenzial, eine Position im Top-Management zu besetzen. Sie besitzen das Unternehmer-Gen und sie haben ein Gespür dafür, wen sie in ihr Netzwerk einladen müssen und mit welchen Personen es nutzbringend ist, Kontakt aufzunehmen oder auf den sozialen Kanälen zu folgen. Daraus entstehen für den Personalbereich anspruchsvolle, konzeptionelle Hausaufgaben, angefangen von der Festlegung der Auswahlkriterien für High Potenzials, der Beschreibung des Auswahl- und Entwicklungsprozesses und der Kommunikation. Darauf zu achten ist, dass im Vorfeld die angedachten Kandidaten oder Kandidatinnen ehrliches Interesse daran haben, in eine höhere Position aufzusteigen und dass gewährleistet ist, dass am Ende des individuellen Entwicklungsprogramms zeitnah eine adäquate Position zur Verfügung steht. Ansonsten, Finger weg von solchen Konzepten.

In der heutigen und zukünftigen Arbeitswelt muss die Personalentwicklung, nachhaltig, agiler, flexibler und vorausschauend sein. Ein Manko, den etliche Unternehmensführer an ihrer Personalentwicklung feststellen. Unzufriedenheit zeigt sich auch in der Festlegung der Personalentwicklungsmaßnahmen, in der Ermittlung von Wissenslücken und dem Einsatz von digitalen Lernplattformen (Van Dam, 2022). Demzufolge ist eine nachhaltige Personalentwicklung auf die Beine zu stellen, einschließlich einer modernen digitalen Lern-Architektur. Eine nachhaltige Personalentwicklung sichert die Zukunftsfähigkeit eines Unternehmens, in dem die MitarbeiterInnen aller Hierarchiestufen langfristige, sozialverantwortliche und wirtschaftlich zweckmäßige Qualifikationsmaßnahmen erhalten, die dem Unternehmen helfen, zukunftsfähig zu wirtschaften (Zaugg, 2007). Berücksichtigung finden die sozialen Bedürfnisse, die ökologischen und die ökonomischen. Die sozialen Bedürfnisse beinhalten die Ansprüche der MitarbeiterInnen, der Gesellschaft und die des Unternehmens. Die ökologischen Bedürfnisse beschreiben den Nutzen für das Unternehmen (effizienter und effektiver zu arbeiten, Erhöhung der Wertschöpfung), den Nutzen für die Kapitalgeber (menschenzentriert arbeiten, sinnstiftend wirtschaften) und der ökonomische Nutzen, in dem darauf geachtet wird, dass die Maßnahmen ressourcenschonend konzipiert und umgesetzt werden.

Die konkreten Personalentwicklungs-Maßnahmen ergeben sich aus mehreren Quellen, der qualitativen Personalplanung, aus den Unternehmenszielen, dem Performance-Management, aus der Kommunikation mit den Mitarbeitern und Führungskräften oder aus dem makroökonomischen

Umfeld. Die Aufgabe für die HR-Funktion besteht nun darin, eine Lernarchitektur aufzubauen, die die Umsetzung der Maßnahmen ermöglicht. Dabei sind zwei Dinge zu beachten: Einmal, dass alle MitarbeiterInnen Zugang zu den Lernmöglichkeiten bekommen, zweitens, dass Lernen nicht als Zwang empfunden wird, sondern als Freude, sich weiterentwickeln zu können. Wie das gelingen kann, hat van Dam (2022) anhand eines von ihm entwickelten Lernrahmens verdeutlicht. Sein Lernrahmen ist eine gemischte Form aus formellen und informellen Lerninitiativen. Seiner Meinung nach erfolgen 10 % der Wissensvermittlung in formellen, vom Unternehmen geplanten Veranstaltungen und 90 % durch informelles Lernen, spontan am Arbeitsplatz nach dem Motto: Personalentwicklung findet in der Kaffeeküche statt durch Interaktion mit anderen.

Speziell für die MitarbeiterInnen in der Personalentwicklung entsteht somit ein verändertes Rollenverständnis. Anstatt willkürlich Maßnahmen zu konzipieren, die vielleicht gerade in Mode sind, wie Führungskräftetrainings, Agilität, Outdoor-Training, Team-Events oder Kompetenzmanagement, ist der Blick auf eine nachhaltige Personalentwicklung zu richten. Denn Personalentwicklung ist den betrieblichen Zielen verpflichtet (Sonntag, 2005, S. 110). In Verbindung mit diesem neuen Rollenverständnis erfordert das Kompetenzportfolio der Personalentwickler ein Re-Design. Van Dam (2022) ist überzeugt, dass Kenntnisse der kognitiven Neurowissenschaft dem PersonalentwicklerIn helfen, zu verstehen, wie unser Gehirn lernt, speichert und die erworbenen Informationen verwendet. Schließlich geht es bei der Personalentwicklung ums Lernen. Versteht man, wie unser Gehirn lernt und arbeitet, kann dieses Wissen für die Praxis außerordentlich nützlich sein. Insbesondere für das Konzipieren eines professionellen Lernkonzeptes, in dem es unter anderem um verschiedene Lernmodalitäten geht. Neben den kognitiven neurowissenschaftlichen Kenntnissen gewinnen für das Personalwesen respektive der Personalentwicklung beispielhaft neue Kompetenzen an Bedeutung im Bereich Technologie und Datenanalyse, Change-Management, Digitalisierung, New Work, Wissensmanagement, künstliche Intelligenz und Makroökonomie. Zusätzlich zu den eher technischen Kompetenzen ist für das Konzipieren eines digitalen Lernrahmens ein hohes Maß an Sozialkompetenz erforderlich. Die Personalentwicklung muss ein gutes Gespür entwickeln, welche Maßnahmen ethisch vertretbar sind (Hildebrandt, 2023).

Die vollständige Ausgestaltung eines Kompetenzmodells überlasse ich gerne den Profis in der Personalentwicklung. Sie selbst können am besten beurteilen, welche Kompetenzen sie zukünftig benötigen, um eine nachhaltige Personalentwicklung in der Organisation voranzutreiben.

Es wird einiges an Überzeugungsarbeit kosten, das Management und die Linienverantwortlichen von diesem Konzept zu überzeugen. Auf dieses Problem hat Alexandra Hildebrandt bereits im Jahre 2018 in ihrem Blogbeitrag über Digitalisierung und Nachhaltigkeit hingewiesen (Hildebrandt, 2018). Ihrer Meinung nach fehlt die Brücke zum Thema Nachhaltigkeit und Corporate Responsibility (CSR).

Betonen möchten wir an dieser Stelle, dass das Konzept einer nachhaltigen Personalentwicklung nicht den Eindruck vermitteln darf, dass es kostspielig, zeitaufwendig, unflexibel oder zu theoretisch ist. Gewinnen Sie die Akzeptanz, indem Sie den pragmatischen Teil zuerst vorstellen, den Lernrahmen mit der Auswahl von Lernmodalitäten und machen Sie deutlich, dass Personalentwicklung kein Luxusartikel ist.

Unternehmen, die im 21. Jahrhundert auf dem Markt gewinnen wollen, dürfen Personalentwicklung nicht als teures Hobby sehen, das man sich gönnt, wenn es die wirtschaftliche Lage erlaubt. Investitionen in neue Lernplattformen und moderne Lernmethoden haben denselben Level an Wichtigkeit wie Investitionen in neue Technologien oder Maschinen. Gehen Sie als Geschäftsführung mit gutem Beispiel voran und überzeugen Sie MitarbeiterInnen und Führungskräfte, dass Lernen unerlässlich ist. Lernen trägt dazu bei, die Beschäftigungsfähigkeit zu sichern, das bedeutet, wenn Menschen innerhalb oder außerhalb der Organisation leicht einen Job finden (Van Dam, 2022).

Stärken Sie die Rolle der Personalentwicklung und fordern Sie diese heraus, den Wert des Humankapitals durch eine nachhaltige Personalentwicklung zu steigern. Eine Lernkultur für alle muss das erklärte Ziel sein.

3.4 Performance-Management

Jedes Unternehmen hat ein Performance-Management. Mindestens einmal im Monat zeigen die Finanzzahlen die Unternehmensleistung. Aus dem Finanz-Report kann man Rückschlüsse ziehen, ob Vertrieb &

Marketing einen guten Job gemacht haben, die Qualitätszahlen zeigen die Performance der ProduktionsmitarbeiterInnen, die Materialkosten lassen Vermutungen zu, über das Verhandlungsgeschick der Einkäufer, die Anzahl von Kundenanfragen kann ein Indiz dafür sein, dass die Leistung der Entwicklungsingenieure besser ist als der Wettbewerb und die Höhe der Lohn- und Gehaltskosten lassen erkennen, ob das Personalwesen das Humankapital sorgfältig managt. Zahlen sind immer das Ergebnis von menschlicher Leistung, die vom Können und Wollen der MitarbeiterInnen geprägt ist. Somit kam Performance Management auf die Agenda von HR und reduzierte sich auf Abwesenheitsrate, Fluktuation, Zielvereinbarungsprozess oder Leistungsbeurteilung.

Das Personalwesen übernahm die Rolle des Berichterstatters oder Kontrolleurs. Undenkbar in der heutigen Arbeitswelt, wo das Performance-Management an Komplexität zugenommen hat. Unter Performance-Management reiht man nun Begriffe wie Anreizsysteme, Belohnung, Engagement, Motivation, Performance-Booster, Performance-Killer, Schulung, Teamleistung, Individualleistung, Jahresendgespräch, Feedback-Gespräche, Performance-Reviews, High-Performer, Low-Performer, Digitalisierung, Beurteilungskriterien, Betriebsrat, Wertschätzung, Timing, Leistungskultur, Kennzahlen, Wandel, Kommunikation, Zielvereinbarung.

Für die HR-Funktion gibt es genug Gründe, das Management zu überzeugen, dass ein Re-Design der traditionellen Performance-Management-Systeme notwendig ist. In meinem Buch „New Work – die Illusion von der großen Freiheit" zeige ich auf, warum die Arbeitssysteme aus den 1990er Jahren nicht mehr in die Arbeitswelt von morgen passen (Dull, 2023, S. 20), dazu zählt ebenfalls das Performance-Management. Mit meiner Ansicht stehe ich glücklicherweise nicht allein da. Sonja Hollerbach (2021) beispielsweise beschreibt sehr verständlich, warum und wie ein neues Performance-Management in der Praxis zukünftig einen Mehrwert generieren kann. Ohne externe Unterstützung wäre es unfair, diesen Stein ausschließlich auf die Schultern von HR zu laden. Aber ein Schritt nach dem anderen.

Zuerst ein kurzer Re-fresher über die Zielsetzung eines Performance-Managements. Im Vordergrund steht, die Mitarbeiterleistung im Unternehmen zu steigern (Lebrenz, 2020, S. 267). Um das zu erreichen, wäre es meines Erachtens zielführend, wenn das Personalwesen die Rolle des Initiators, im besten Fall sogar als Moderators übernimmt und zusammen mit dem Management zunächst den Begriff Leistung einheitlich definiert und wie die erbrachte Leistung der MitarbeiterInnen zu messen ist. Ich bin überzeugt, viele Leser und Leserinnen denken an dieser Stelle, das ist doch kalter Kaffee, haben wir bereits alles. Leistung ist Zielerreichung, die entweder mit KPIs oder OKRs gemessen wird. Nicht mehr, nicht weniger.

Rational betrachtet ist die Aussage korrekt. Allerdings hängt die Zielerreichung von weiteren Faktoren ab. Ganz besonders vom Leistungsverhalten, das als zusätzliche Komponente im Zielvereinbarungsprozess zu berücksichtigen ist. Die Aufgaben des Personalwesens sind in diesem Fall, eine Anzahl von einheitlichen leistungsrelevanten Verhaltensweisen zu konzipieren, einschließlich einer entsprechenden Skalierung (Gómez-Mejía et al., 2001). Entscheidend ist, dass das erwünschte Leistungsverhalten mit den Unternehmenswerten korrespondiert. Diese zusätzliche Komponente erweitert die Zielvereinbarung um wichtige Informationen über die Art und Weise der Zielerreichung und kann Rückschlüsse auf die eingesetzten Kompetenzen, die Fähigkeiten und Fertigkeiten zulassen. Ergänzend dazu sollten Analysen des Leistungsverhaltens aufzeigen, wie sich das durchschnittliche Leistungsniveau in der Organisation verteilt. Leistungsbezogene Verhaltensweisen gehören regelmäßig auf den Prüfstand. Was heute für den Erfolg eines Unternehmens wichtig ist, kann morgen bereits veraltet sein. Außerdem ist es empfehlenswert, Leistungsverhalten mehrmals im Jahr zu messen, immer zu einem festgelegten Zeitpunkt aus der subjektiven Wahrnehmung der Bewerteten (Armstrong & Baron, 2005).

Große Unternehmen praktizieren diese Methode bereits und nutzen eine cloudbasierte Softwarelösung, die gleichzeitig das Timing überwacht und den Prozess-Status bei den Beteiligten abfragt. Somit ein Spannungsfeld weniger für das Personalwesen.

Ein Spannungsfeld, das vermutlich immer bestehen bleibt, zwischen HR und den Linienvorgesetzten, ist die Diskrepanz zwischen der subjektiven Einschätzung der Leistung der MitarbeiterInnen und der Wahrnehmung durch die HR-Funktion. Hier können die Emotionen schon mal aus dem Ruder laufen. Abhilfe schaffen kann das

Mehraugenprinzip, indem die Beurteilungen im Führungskreis diskutiert und verabschiedet werden. Im Jahre 2022 habe ich für ein familiengeführtes mittelständisches Unternehmen ein entsprechendes Verfahren entwickelt und erfolgreich eingeführt.

Kommen wir zu den weiteren Aufgabenfeldern für den HR-Bereich in Bezug auf Performance-Management. Festzulegen, wie die Leistung eines funktionsübergreifenden Teams gemessen wird, das vielleicht sogar aus internen und externen globalen Teammitgliedern besteht (Crowdworker) und im agilen Kontext arbeitet. Konkreter ausgedrückt, geht es um die Beschreibung des Prozesses, nicht um das „Wie". Beispielsweise um die Frage, wer verantwortlich für die Festlegung des Gruppenziels ist? Von wem und wann erhalten die Teams Feedback? Ist das Feedback ein Pull- oder Push-Ansatz? Können die Teammitglieder zwischen Mensch oder Maschine als Feedbackgeber wählen? Das könnte man übrigens auch für das individuelle Feedbackgespräch überlegen. Ist es vorgesehen, dass sich die Teammitglieder in einem geschützten Raum gegenseitig Feedback geben? Können sie einen Moderator ihrer Wahl hinzuziehen? Wo werden die Ergebnisse der Feedbackgespräche dokumentiert, wer trägt die Verantwortung für die Dokumentation, wer hat Zugriff auf die Ergebnisse und wie ist das Follow-up geregelt? Alle Fragen, die vom Personalwesen eine Antwort benötigen.

Ein sensibler und spannungsgeladener Punkt im Performance-Management ist die Diskussion über die Bezahlung von Boni als Belohnung für die Zielerreichung, speziell für ManagerInnen, die nicht unter den Bedingungen eines Tarifvertrags fallen. Die Auszahlung von Boni ist eine Entscheidung, die vom oberen Management erfolgt und nicht in die Verantwortung von HR fällt. Im besten Fall erhält das Personalwesen das Mandat, Verteilungskriterien zu erarbeiten oder die bestehenden zu überarbeiten, die einen definierten finanziellen Rahmen nicht überschreiten dürfen. Eine Aufgabe, die durchaus eine Maschine erledigen kann. Vorausgesetzt, die Maschine erhält klare Anweisungen über die Parameter, die zu berücksichtigen sind. Ob etwa die Individualleistung honoriert werden soll oder die Teamleistung oder ob eine Kombination von beiden Elementen in Betracht kommt. Ferner könnte die Maschine Vorschläge unterbreiten, wie sich die Höhe der Bonizahlungen zwischen einem High-Performer, Average-Performer und

Low-Performer unterscheiden. Und dass eine faire Verteilung der Bonizahlungen zwischen und innerhalb der Abteilungen erfolgt.

Bei Bonuszahlungen ist auch immer die rechtliche Komponente zu
beachten. Das Unternehmen muss nach billigem Ermessen entscheiden
können, Bonuszahlungen zu kürzen oder ganz zu streichen, ohne dass
eine Flut von juristischen Verfahren auf sie zukommt. Schwierig bis fast
unmöglich. Demzufolge haben viele Firmen Bonuszahlungen eingestellt. Bonuszahlungen sind immer ein zweischneidiges Schwert. Frust
und Lust liegen nah beieinander. Nicht zu vergessen, der hohe Zeitaufwand, der mit der Berechnung und Verteilung verbunden ist, trotz
Digitalisierung. Für den Personalbereich eine erneute eine einmalige
Chance, sich als Business-Partner zu beweisen, indem er Alternativen
ausarbeitet und die traditionellen Bonuszahlen durch neue attraktive
Modelle ersetzt. So berichtete Kirstin Gründel in der Personalwirtschaft
von einem markanten Rückgang von Bonuszahlungen. Ohne Anreizsysteme geht es allerdings auch nicht, ist dem Artikel zu entnehmen
(Gründel, 2024a, b).

3.5   Entgeltfindung

Die Entgeltfindung umfasst nicht nur eine angemessene und faire Vergütung als Gegenleistung für eine erbrachte Arbeitsleistung, sondern ist
die Summe aller Belohnungen und Zuwendungen, die den Mitarbeitern
für ihre Dienste gewährt werden. Wenn die angebotene Vergütung die
Mehrheit der Beschäftigten zufriedenstellt, trägt sie im Unternehmen
zu einer hohen organisatorischen Produktivität bei (Reddy, 2020). Als
zufriedenstellend bezeichnen wir eine Vergütung, die es den Menschen
ermöglicht, ihre gewöhnlichen Lebenshaltungskosten zu bestreiten.
Man könnte jetzt noch viel darüber diskutieren, was zu den gewöhnlichen Lebenshaltungskosten alles zählt. Nennen wir es einfach mal die
Grundbedürfnisse des Lebens wie ein Dach über dem Kopf, Essen und
Trinken, Kleidung und angemessene Ausgaben für Vergnügen und In-
formations- und Kommunikationsgegenstände.

Erst vor wenigen Wochen echauffierte sich ein Recruiter auf einer bekannten Social-Media-Plattform über die dreiste Gehaltsforderung eines

Bachelor-Absolventen, der für einen Junior-Job EUR 60.000,00 Jahresgehalt, Bonus und Firmenwagen forderte. Sein Beitrag löste eine heftige Diskussion bei den Lesern aus. Während die eine Fraktion die Forderung unterstützte, mit der Begründung, das Leben ist nun mal teuer geworden, schüttelte die andere Gruppe ungläubig mit dem Kopf. Dieses Beispiel zeigt einmal mehr, dass die HR-Funktion in diesem Fall ihren Job nicht gemacht hat und der Recruiter keinen Anhaltspunkt hatte, ob die Forderung gerechtfertigt ist oder nicht.

Eine gerechte und angemessene Entgeltfindung zu gestalten, liegt in der alleinigen Verantwortung der HR-Funktion und führt immer wieder zu Spannungen mit den Linienvorgesetzten und der Geschäftsführung.

In tarifgebundenen Unternehmen regeln die Tarifparteien das Entgelt für die MitarbeiterInnen, die unter den Geltungsbereich des jeweiligen Tarifvertrages fallen. Festgelegt sind die Entgeltgruppen für bestimmte Tätigkeiten, und die entsprechende Vergütung. Ebenso regeln die Entgelt-Tarifverträge zusätzliche betriebliche Sonderleistungen wie Urlaubs- und Weihnachtsgeld, Leistungsentgelte, bezahlte Freitage und Weiterbildung und vieles mehr. Noch lange kein Grund für das Personalwesen, sich entspannt zurückzulehnen und auf diese Regelungen zu beharren. Denn nicht immer passen die festgelegten Vergütungsmodelle der Tarifparteien in die Wirklichkeit, was rasch und gerne von den Führungskräften zur Sprache kommt. Anstatt, immer wieder den Druck zu widerstehen, von den Linienvorgesetzten oder der Geschäftsführung in eine non-compliance Situation gedrängt zu werden, kreative Ideen zu finden, das Tarif-System zu umgehen, erscheint es für die Personalfunktion fortschrittlicher pro-aktiv auch für die Tarifentgelte regelmäßig Marktanalysen und Benchmarking durchzuführen. Mit diesen Vergleichen kann man aufzeigen, ob die Tarifentgelte in der Branche und Region wettbewerbsfähig sind. Insbesondere gilt diese Vorgehensweise für Betriebe, die nicht tarifgebunden sind. Sollten die Analysen ergeben, dass Handlungsbedarf besteht, rufen Sie als HR ein Projektteam „Entgeltfindung" ins Leben und erarbeiten möglichst kostenneutrale Lösungen.

Mit den Markt- und Branchenstandards Schritt zu halten, ist keine leichte Aufgabe für den HR-Bereich. Immerhin müssen die Entgelte auch in schwierigen finanziellen Zeiten noch bezahlbar sein. Denn

Gehaltskürzungen vorzunehmen, wenn es wirtschaftlich nicht gut läuft, ist die Keimzelle von Arbeitsfrust.

Als Dauerthema entpuppen sich monetäre und nicht monetäre Leistungen, die ein Unternehmen seiner Belegschaft als freiwillige Leistungen gewähren sollte. Nichts tun ist keine Option, das würde dem CSR-Gedanken widersprechen. Bereits während der zweiten industriellen Revolution sahen es vor allen Großbetriebe im Rahmen ihrer Sozialpolitik als Fürsorgepflicht an, ihre MitarbeiterInnen in sozialen Angelegenheiten zu unterstützen (siehe Abschn. 1.2.2). In den 1930er Jahren erhielt die Belegschaft hauptsächlich Zuschüsse zur Altersvorsorge, zu Lebensversicherung oder zur Gesundheits- und Ernährungsfürsorge (Hanf, 1975, S. 211). Auch hier gilt das Motto: Gewähre das, was man sich in guten wie in schlechten Zeiten leisten kann.

Ein schlechtes Beispiel zeigt sich gerade bei einem bekannten Automobilhersteller, der aufgrund einer sehr kritischen wirtschaftlichen Situation nicht nur die Gehälter seiner Belegschaft kürzt, sondern auch die zusätzlichen Vergünstigungen, die er jahrelang bewilligte. Auf die Folgen gehe ich an dieser Stelle nicht weiter ein.

Dass attraktive Benefits ein Mitarbeitermagnet sind, zeigt eine Studie der Arbeitgeber-Vergleichsplattform kununu. Die Befragten sind bereit, für interessante Benefits auf einen Teil ihres Gehaltes zu verzichten. Zwei Dinge sind bei der Gestaltung von freiwilligen sozialen Leistungen zu beachten, einmal zu analysieren, was der Wettbewerber macht, was markt- und branchenüblich ist, und zweitens, die Benefits so zu gestalten, dass sie jederzeit an neue Gegebenheiten angepasst werden können.

Sprechen wir über Benefits, müssen es nicht immer Geldleistungen sein. Eher abschreckend anstelle von anziehend erscheinen mir Vergünstigungen anzubieten, die Beschäftigte und potenzielle BewerberInnen als selbstverständlich erachten (Gründel, 2024a, b). Liebe PersonalerInnen, seien Sie proaktiv und gestalten Sie ein faires, bezahlbares und attraktives Vergütungsmodell. Warten Sie nicht, bis das Management oder der Wettbewerber Sie dazu zwingen. Treten Sie nicht in die Fußstapfen von anderen und kopieren Sie willkürlich deren Benefits. Ihre MitarbeiterInnen sind einzigartig und haben ihre eigenen Bedürfnisse. Finden Sie heraus, welche es sind.

Nicht zu vergessen, dass für die außertariflichen MitarbeiterInnen und das mittlere Management ein attraktives Vergütungspaket geschnürt werden muss. Hier kann man auf unzählige Gehaltsstudien zurückgreifen. Ohne großen Aufwand und komplexe Bewertungsmethoden ist der Aufbau einer Gehaltsstruktur für diese Klientel möglich. In großen Unternehmen und Konzernen entscheidet und überwacht entweder der CHRO oder der Vice President Compensation & Benefits über die Gehaltsstruktur und Benefits der mittleren und oberen Führungskräfte. Nicht genehmigte Abweichungen fallen unter Compliance-Verstöße und können für den HR-Business-Partner arbeitsrechtliche Konsequenzen nach sich ziehen. In meinem Berufsleben ist es mir mehr als einmal passiert, dass mich mein Vorgesetzter zwingen wollte, gegen gültige Firmenrichtlinien zu verstoßen, was ich natürlich nicht getan habe. Mobbing und Bonuskürzung erhielt ich als Gegenleistung. Dieser Fall ist mit Sicherheit kein Einzelfall. Erlebt habe ich mehrfach, wie sich das obere Management höhere Boni und Gehaltserhöhungen durch Veränderung der Berechnungsgrundlagen genehmigte. Der CHRO war bei diesem Spiel entweder Beteiligter oder wurde vor vollendete Tatsachen gestellt.

Entgeltfindung ist ein unliebsames Terrain für den Personalbereich, da es immer konfliktbeladen ist und zu viel Frust und Ärger führt. Die Kunst besteht darin, für Lohngerechtigkeit zu sorgen, dabei Grauzonen zu definieren anstelle von Schwarz-Weiß-Denken. Entgeltfindung ist ein Themenfeld, aus dem der HR-Bereich oft als Verlierer dasteht. Zu viele Individualisten wollen befriedigt werden. Die Geschäftsführung erwartet einerseits, dass die Bezahlung von attraktiven Gehältern und Benefits ihn als guten Arbeitgeber auszeichnet, andererseits sollte das Human Capital kostengünstig und umsichtig gemanagt werden. Die Linienvorgesetzten verfolgen eine eigene Motivation und erwarten, dass das Entgeltpaket ihre MitarbeiterInnen zu höherer Leistung anregt. Außerdem erwarten sie Sonderbehandlungen für Leistungsträger, Ausgleich für geleistete Mehrarbeit, Sonderzahlungen für erfolgreich abgeschlossene Projekte oder Gehaltserhöhungen zur Mitarbeiterbindung. Gerne würden die Linienvorgesetzten das Thema Entgelt selbst in die Hand nehmen, so wie es früher üblich war, mit der Begründung: „Schließlich müssen wir unsere MitarbeiterInnen motivieren und sind für das Budget verantwortlich". Oder liegen wir mit unserer Annahme falsch?

Entgelttransparenz herzustellen, für eine faire geschlechterneutrale Entlohnung zu sorgen, flexible, anpassungsfähige, motivierende, zeitgemäße Leistungsanreize zu schaffen, Trends zu beobachten sowie Entgeltfindung als Prozess beschreiben, unterscheiden einen Business-Partner von einem Verwaltungsexperten. Dabei muss die Person konstant den Druck aushalten, die tariflichen und gesetzlichen Regeln und Richtlinien nicht zu umgehen. Angenommen, der Personalbereich schafft es, die Prozesse einer Entgeltfindung innerhalb der Personalkostenplanung zu digitalisieren, sodass Gehaltsanpassungen im System nur innerhalb von festgelegten Regeln erfolgen können, ist der Ruf nach Anerkennung nicht mehr nötig. Ein Spagat, der zwar schwierig erscheint, aber zu meistern ist. Denn wie bereits erwähnt, ist das Personalwesen den ESG-Regeln verpflichtet.

3.6   Trennungsmanagement

Die Trennung von MitarbeiterInnen ist keine schöne Aufgabe. Vor allen Dingen, wenn es sich um eine betriebsbedingte, verhaltens- oder personenbedingte Kündigung handelt. Denn hinter jeder Kündigung steht ein individuelles Schicksal. Ethisches und moralisches Verhalten der Verantwortlichen im Personalbereich sind bei Kündigungen von Mitarbeitern unerlässlich und nicht verhandelbar. Ganz gleich wie hoch der Druck von der Geschäftsleitung oder den Führungskräften ist, den oder diejenige aus dem Unternehmen zu befördern, darf der HR-Bereich keine Schwäche zeigen und einen zweifelhaften Fall konstruieren. Dieses Verhalten wird ihn immer einholen. Noch schlimmer, nach unfairen Mitteln zu greifen, beispielsweise um den unliebsamen MitarbeiterIn zu zerbrechen, damit er widerstandslos und freiwillig das Unternehmen verlässt. Denn speziell langjährige MitarbeiterInnen zu entlassen, ist immer teuer. Oft fehlen die dokumentierten Beweise für ein Fehlverhalten. Die Personalakte zeigt ein blütenreines Bild, die letzte Gehaltserhöhung mit Belobigung oder sogar Beförderung liegt erst wenige Monate zurück. Der Griff in die Schmuddelkiste scheint eine willkommene Lösung.

Was Unternehmen in diesem Spiel vergessen, es spricht sich herum, in der Branche, beim Kunden, bei den Mitarbeitern, in den sozialen Netzwerken und schnell ist der Name der Personalabteilung verbrannt. Eine faire Trennungskultur aufzubauen und diese auch gegen Widerstände zu verteidigen, zeichnet die wahre Größe einer HR-Abteilung aus. Aus Erfahrung weiß ich, dass man dafür starke Nerven und Durchsetzungsvermögen zeigen muss. Es liegt in der Natur der Sache, dass bei einem größeren Personalabbau Diskrepanzen zwischen der HR-Abteilung, den Linienvorgesetzten, der Geschäftsführung und dem Betriebsrat auftreten. Insbesondere, wenn der Abschluss eines Sozialplanes erforderlich ist. Das Unternehmen möchte eine schnelle und kostengünstige Umsetzung, die Linienvorgesetzten kämpfen um ihre besten MitarbeiterInnen und erwarten den Abbau der oft per Gesetz geschützten Leistungsschwachen, die sie jahrelang toleriert haben. Der Betriebsrat fordert ein großzügiges Abfindungspaket für die vom Personalabbau betroffenen MitarbeiterInnen. Schließlich will er seinen Ruf als Arbeitnehmervertretung nicht gefährden. Und der Personalverantwortliche steht zwischen den Stühlen und muss eine für alle Parteien zufriedenstellende Lösung zu finden. Zudem anzustreben, Rechtsstreitigkeiten zu vermeiden. Soweit der rationale Teil einer Trennung. Der emotionale Teil hinterlässt tiefgreifendere Spuren in der Organisation. Es beginnt mit der Kommunikation des Ereignisses durch die Geschäftsführung an die Belegschaft. Zeigt der Arbeitgeber in seiner Rede glaubwürdig Verantwortung gegenüber den ausscheidenden und den bleibenden MitarbeiterInnen, vermittelt er ein Gefühl von Verbundenheit. Somit ist die Wahrscheinlich hoch, dass der Personalabbau ohne größere Produktivitätsverluste vonstattengeht. Das Gegenteil ist der Fall, wenn die Kommunikation per Aushang, Rund-Mail, durch die Gerüchteküche oder noch fataler, die MitarbeiterInnen den Stellenabbau in der Presse lesen. Der entstandene Vertrauensverlust in der Belegschaft ist kaum mehr zu reparieren. In den Büros, in der Kantine, in der Kaffeeküche oder auf den Fluren wird geschimpft, gelästert und Verschwörungstheorien konstruiert. Das Engagement, die Motivation und die Produktivität gehen in den Keller, Frustration und Stress steigen an. Viele MitarbeiterInnen suchen die Flucht in die Krankschreibung. Folglich ist eine sorgfältig durchdachte und ehrliche Kommunikation das A und O einer wertschätzenden

Trennungskultur. Und die Rolle von HR ist dabei von entscheidender Bedeutung. Sie muss in der Lage sein, das Management in diesem Prozess in die richtige Richtung zu steuern. Angefangen mit der Ausarbeitung einer Kommunikationsstrategie in zeitlicher Reihenfolge sowie Vorschläge über mitarbeiterzentrierte Trennungsmodalitäten anstelle von Sozialplanmentalität: Abfindung xyz für die Betroffenen, wie es früher praktiziert wurde. Eine moderne Trennungskultur geht anders. Sie fokussiert darauf, MitarbeiterInnen zu unterstützen, einen neuen Job zu finden, intern oder extern. Potenzial orientiertes Trennungsmanagement nennt man es heute. Voraussetzung sind die entsprechenden digitalen Tools, aus denen die aktuellen Skills und Kompetenzen abgerufen werden können (Heppe, 2023). Diese Informationen helfen der Personalabteilung, einen Stellenumbau anstelle eines Stellenabbaus vorzunehmen, wohl wissend, dass nicht alle MitarbeiterInnen durch entsprechende Qualifikation zu halten sind. Der zusätzliche Charme eines potenzial orientieren Trennungsmanagements ist die Suche in den sozialen Netzwerken nach einer geeigneten neuen Funktion und das Kontaktieren von externen Unternehmen. Eine Aufgabe, die ein professionelles Outplacement-Unternehmen hervorragend übernehmen kann.

Was nicht möglich ist zu delegieren oder zu digitalisieren, ist das Trennungsgespräch, noch kann diese Aufgabe eine KI übernehmen. Ein Trennungsgespräch gehört zu den schwierigsten und sensibelsten Dialogen. Eine gute Vorbereitung durch die HR-Funktion in Zusammenarbeit mit dem zuständigen Vorgesetzten ist eine Grundvoraussetzung und entscheidet über den Gesprächsverlauf. Hierzu zählen organisatorische Aspekte, unter anderem die Terminierung des Trennungsgesprächs. Das Personalwesen hat darauf zu achten, dass ausreichend Zeit zur Verfügung steht, dass das Gespräch nicht in die Pausen fällt, bei Teilzeitkräften nicht kurz vor Ende der Arbeitszeit. Bei MitarbeiterInnen, die im Schichtdienst arbeiten, muss die Uhrzeit dementsprechend Berücksichtigung finden. Die Auswahl der Räumlichkeiten kann ein Indiz sein, wie ernst man eine wertschätzende Trennungskultur wirklich nimmt. Findet das Gespräch in einem separaten, geschützten Raum statt? Oder im Büro des Personalverantwortlichen oder im Büro des Vorgesetzten, wo Störungen durch Dritte, Telefonate, Text-Nachrichten schreiben, E-Mail lesen, WhatsApp-Mitteilungenlesen, zu spät kommen, vorzeitig gehen, oder während des Gespräches den Raum ständig zu verlassen, eigentlich ein NO-GO sind, aber oft missachtet werden. Genau wie die Regel, dass Handys während des Gesprächs außerhalb des Raumes bleiben. Weil einige Vorgesetzte eine Abneigung gegen Trennungsgespräche haben und gerne versuchen, jede Gelegenheit zu nutzen, das Gespräch aus „wichtigem Grund" zu unterbrechen. Dabei ist die Führungskraft, und nicht HR, der Überbringer der Nachricht. Er oder sie müssen dem betroffenen MitarbeiterIn erklären, warum er die Organisation verlassen muss und warum es eventuell keine neue Aufgabe im Unternehmen für ihn gibt. Die Führungskraft und HR sollten auf folgende Fragen vorbereitet sein: warum ich, warum nicht der Kollege oder die Kollegin? Warum kann ich nicht bleiben? Auch der Umgang mit heftigen Emotionen im ersten Gespräch, wie Tränen, Wut, Ratlosigkeit, Angst, Verzweiflung, Anschuldigungen oder Beleidigungen, benötigt eine besondere Haltung. In diesen Fällen kommt es sehr stark auf die menschliche Seite des Personalwesens an, nämlich darauf zu achten, dass aus einer geplanten wertschätzenden Konversation kein Streitgespräch entsteht. Selbst routinierte HRler erleben, dass jedes Trennungsgespräch emotional anders verläuft. Schließlich haben wir es mit Menschen zu tun, die ihren Arbeitsplatz verlieren, und nicht mit Maschinen. Aber was ist mit den Menschen, die im Unternehmen bleiben? Wer kümmert sich um ihre Sorgen, wer macht ihnen Mut und gibt ihnen ein Gefühl von Sicherheit? Das kann nur die direkte Führungskraft durch Kommunikation und Zuhören. Mit diesem Satz beende ich das Kapitel: HR im Spannungsfeld mit Linienvorgesetzten und dem CEO und komme zu folgendem Ergebnis.

Fazit

Spannungen zwischen der HR-Funktion, den Linienvorgesetzten und der Geschäftsführung liegen in der Natur der Sache und sind nie ganz auszuschließen, obwohl die Zielsetzung in den aufgeführten strategischen Kernprozessen eigentlich dieselben sein sollten. Meiner Meinung nach haben das Personalwesen und die Linienvorgesetzten eine unterschiedliche Weiterentwicklung durchlaufen. Die Anforderungen und die Rolle der Führungskräfte haben einen neuen, anspruchsvolleren Level erreicht und fordern ein verändertes Wirken der HR-Funktion.

Schneller zu agieren, moderne zukunftsfähige Managementsysteme zu entwickeln und umzusetzen, weniger Bürokratie, proaktiv Lösungsvorschläge zu erarbeiten anstelle von „ja aber". Sich weiterhin hinter dem Arbeitsrecht und den gesetzlichen Vorgaben zu verstecken sowie die Bürokratie zu pflegen oder sozialromantische Projekte zu initiieren, kann man machen, dann aber bitte nicht wundern, wenn man als der ewige Kümmerer und Verwaltungsexperte gesehen wird. Die Linienvorgesetzten wie auch die Geschäftsführung haben einen erheblichen Einfluss darauf, welchen Stellenwert die HR-Funktion in der Organisation bekommt und, ob es gewollt ist, dass ein wirklicher Business-Partner am Tisch sitzt oder doch lieber ein Verwaltungsexperte? Beginnen Sie damit, Ihren Aufgaben- und Verantwortungsbereich voneinander abzugrenzen. Klären Sie Ihre gegenseitigen Erwartungen, einschließlich, was Sie bereit sind zu geben und was Sie erwarten zu bekommen in Bezug auf Personalplanung, Personalbeschaffung, Personal- und Organisationsentwicklung, Performance-Management, Entgeltfindung und Trennungsmanagement. Was halten Sie von der Idee? Passend dazu der Spruch: „it takes two to tango". Ein Satz aus dem Song, der 1952 von Al Hoffman und Dick Manning geschrieben wurde (Netzfund)

Literatur

Armstrong, M., & Baron, A. (2005). *Managing Performance: Performance management in action* (Bd. 1). Chartered Institute of Personnel and Development.

Berthel, J. (2000). *Personal-Management. Grundzüge für Konzeptionen betrieblicher Personalarbeit* (Bd. 6). Schäffer-Poeschel Verlag.

Dull, D. (2024). *New Work. Leistungskultur und Performance-Messung*. Schäffer-Poeschel.

Ernste, D., & Potthoff, J. (2024). *Wirtschaftskriminalität. Entwicklungen, Täterprofile und Präventivmaßnahmen*. Institut der deutschen Wirtschaft e.V., Köln. https://www.iwkoeln.de/studien/dominik-h-enste-jennifer-potthoff-entwicklungen-taeterprofile-und-praeventivmassnahmen.html. Zugegriffen: 11. Okt. 2024.

Gómez-Mejía, L., Balkin, D. B., & Cardy, R. L. (2001). *Managing Human Resources*. Prentice-Hall Inc.

Goossens, F. (1959). *Handbuch der Personalleitung. Personalorganisation und Personalführung.* Verlag Moderne Industrie.

Gründel, K. (21. 03 2024). Bonuszahlungen binden Mitarbeitende. (F. B. GmbH, Hrsg.) *Personalwirtschaft.* https://www.personalwirtschaft.de/news/verguetung/bonuszahlungen-binden-mitarbeitende-172339/. Zugegriffen: 1. Nov. 2024.

Gründel, K. (20. 06 2024). Verzichten Talente für mehr Benefits auf Teile des Gehaltens? *Personalwirtschaft.* https://www.personalwirtschaft.de/news/verzichten-talente-fuer-mehr-benefits-auf-teile-des-gehalts-176599/. Zugegriffen: 6. Nov. 2024.

Hanf, R. (1975). Möglichkeiten und Grenzen betrieblicher Lohn- und Gehaltspolitik 1933–1939. *Dissertation zur Erlangung des Grades eines Doktors der Wirtschaftswissenschaften der Rechts- und Wirtschaftswissenschaftlichen Fakultät der Universität Regensburg.* Regensburg.

Heppe, C. (19. 01 2023). Die 3 wichtigsten Trends in der Trennungskultur. *HR Journal.* https://www.hrjournal.de/die-3-wichtigsten-trends-in-der-trennungskultur/. Zugegriffen: 12. Nov. 2024.

Hildebrandt, A. (13. Juli 2023). KI im HR-Management: Chancen und Herausforderungen. https://dralexandrahildebrandt.blogspot.com/2023/07/ki-im-hr-management-chancen-und.html. Zugegriffen: 22. Okt. 2024.

Hildebrandt, A. (27. August 2018). Digitalisierung und Nachhaltigkeit: Der Wandel bei neuen Technologien und Geschäftsmodellen braucht eine neue Managerausbildung. https://dralexandrahildebrandt.blogspot.com/2018/08/digitalisierung-und-nachhaltigkeit-der.html. Zugegriffen: 23. Okt. 2024.

Hollerbach, S. (2021). *Performance Management – digital und mit Mehrwert. IN: Modernes Personalmanagement. Strategisch – operativ – systemisch* (Bd. 3). (B. Rosenberger, Hrsg.) SpringerGabler. https://doi.org/10.1007/978-3-658-34876-2.

Lebrenz, C. (2020). *Strategie und Personalmanagement. Konzepte und Instrumente zur Umsetzung in Unternehmen* (Bd. 2). Springer Gabler. https://doi.org/10.1007/978-3-658-29033-7.

Reddy, V. S. (September 2020). Impact of Compensation in Employee Performance. *Journal of Humanities and Social Science (IOSR-JHSS), 25*(9), 17–22. https://doi.org/10.9790/0837-2509011722.

Sonntag, K. (2005). *Personalentwicklung in Organisationen* (Bd. 3). Hogrefe Verlag GmbH & Co. KG.

Ulrich, D. (1988). Strategic: Human Resource Planning: Why and How. In R. Schuler, S. A. Youngblood, & V. L. Huber, *Readings in Personnel and Human Resource Management* (Bd. 3). West Publishing Company.

Van Dam, N. H. (2022). *Learning & Development im 21. Jahrhundert. Trends und Best Practices.* bookboon.

Wegenberger, O., & Wegenberger, J. (2021). *Talent- und Kompetenzmanagement. Eine anwendungsorientierte Perspektive.* Springer Gabler.

Wimmer, P. (1985). *Personalplanung. Problemorientierter Überblick – theoretische Vertiefung* (Bd. 6). (O. Neuberger, Hrsg.) Ferdinand Enke Verlag.

Zaugg, R. J. (2007). Nachhaltige Personalentwicklung. Von der Schulung zum Kompetenzmanagement. In N. Thom, & R. J. Zaugg, *Moderne Personalentwicklung. Mitarbeiterpotenziale erkennen, entwickeln und fördern* (2. Aufl., S. VIII, 421). Gabler Verlag Springer.

4

HR-Praktiken im Business-Life-Cycle – Willkommen in der Zukunft

Zusammenfassung Wieder einmal geht es um die Rolle und Aufgaben der HR-Funktion. Diesmal um die einmalige Gelegenheit, als wahrer Business-Partner zu etablieren, indem das Personalwesen die Organisation in den verschiedenen Phasen des Geschäftslebenszyklus zielgerichtet unterstützt und erfolgreich von einer Phase zur nächsten transferiert. Durch die Auswahl und Implementierung geeigneter strategischer HR-Methoden lässt sich nachweislich in jeder Phase des Business-Life-Cycle ein signifikanter Wettbewerbsvorteil erzielen. Es gelingt der HR-Funktion nur, wenn sie vorab eine strukturierte und funktionierende Prozesslandschaft aufgebaut hat und nicht willkürlich den neuesten Trends und Moden folgt. Jeder Zyklus im Business-Life-Cycle hat eigene Spielregeln und benötigt andere strategische Werkzeuge. Es ist wichtig zu verstehen, dass der Übergang von einer Phase in die nächste kein Zufall ist. Die Praxis zeigt deutlich, dass nur wenige neu gegründete Unternehmen die Phase des Wachstums erreichen, geschweige denn die Phase der Reife. Die etablierten Unternehmen haben andere Probleme, unter anderem die Stagnation der Umsätze mit so wenig Verlust wie möglich zu überwinden und den Abschwung aufzuhalten. In dieser Phase ist für Schönwetterprojekte keine Zeit. Change-Management führt die Prioritäten-liste an.

4.1 HR-Praktiken, Rollen und Aufgaben von HR in der Start-up-Phase

Wenn wir den Begriff „Start-up" hören, sehen wir sofort Bilder von coolen Gründern mit unkonventionellen Ideen, innovativen Produkten, flexiblen Büroräumen, lockerem Umgang mit Kollegen und dem Unternehmer. Jeder ist im Flow und jeder weiß, was zu tun ist, auch ohne Anweisungen. So wünschen sich viele das ideale Arbeitsumfeld eines Start-ups, das Lust am Arbeiten schafft. Eine Start-up-Phase ist nicht nur für Gründer, sondern auch für etablierte Unternehmen möglich. Unternehmen, die nach dem Auslaufen eines Produktes einen Neuanfang beginnen oder durch strukturelle Veränderungen gezwungen sind, ihr Geschäftsmodell zu verändern. Darüber hinaus können Zukäufe von Unternehmen, Verkäufe von Unternehmensteilen, Fusionen oder signifikante Restrukturierungen eine Start-up-Situation auslösen. Unabhängig davon, ob es in diesem Zusammenhang um eine Neugründung geht, oder einen Neuanfang eines etablierten Unternehmens, ist die Start-up-Phase in beiden Fällen eine temporäre Organisationsform, die zwischen 3 und 5 Jahre dauert (Passaro et al., 2016). In dieser Phase entscheidet sich, ob die Organisation den Sprung zur Wachstumsphase schafft oder vom Markt verschwindet.

In der Start-up-Phase eines neu gegründeten Unternehmens übernimmt die Personalarbeit der Gründer, ähnlich wie in der ersten industriellen Revolution, als die Firmeneigentümer die Einstellung und Vergütung von MitarbeiterInnen in ihrer Verantwortung hatten. Wie damals hat auch heute der Gründer keine Zeit für langwierige Auswahlprozesse. So schnell wie möglich benötigt er Unterstützer, meist in Form von technischen Kompetenzen, die ein repräsentatives, verkaufsfähiges Produkt designen. Für die Auswahl der Mitstreiter setzt er vermutlich sein Bauchgefühl ein, wie auch für die Entgeltfindung. Eine andere Möglichkeit, die sich dem Gründer bietet, ist, einen externen

Dienstleister zu beauftragen, der ihn bei der Personalarbeit unterstützt. Eine eigenständige HR-Abteilung zu etablieren, macht in der frühen Phase eines Start-up-Unternehmens keinen Sinn. Laut dem Deutschen Start-up Monitor (DSM) beträgt in Deutschland die durchschnittliche Mitarbeiterzahl in den Jahren 2014–2024 16,7 Mitarbeiter (Rudnicka, 2024). Personalarbeit findet meiner Meinung nach trotz der geringen Anzahl von MitarbeiterInnen statt, allerdings anders als in mittelständischen oder großen Firmen. Meine These hierzu ist, dass die Personalarbeit nach der Gründungsphase in kleinen Start-ups von den Beschäftigten selbst gestaltet wird. Vielleicht sogar unbewusst. Die Einarbeitung von neuen KollegInnen übernimmt derjenige, der gerade Zeit hat. Eigeninitiative und Flexibilität sind vom „Neuen" gefordert. Einen strukturierten Onboarding-Prozess wie in einem Konzern sucht man vergebens. Genauso wie eine detaillierte Aufgabenbeschreibung nicht vorhanden und auch sinnlos ist. Dazu ist das Geschäftsumfeld noch zu dynamisch. Bestenfalls hat der Gründer und sein Team einen Job-Titel formuliert, mit den wesentlichen Eckpunkten, damit die BewerberInnen ein grobes Bild davon bekommen, was von ihm erwartet wird. Die Personalauswahl übernimmt entweder das Team oder wie bereits oben angesprochen der Gründer selbst. Training und Weiterbildung liegen in der Verantwortung von jedem Einzelnen, ebenso wie die Gestaltung der eigenen Karriere.

BewerberInnen, die sich bewusst für ein Start-up-Unternehmen entschieden haben, legen weniger Wert auf formelle Strukturen, sondern auf die Nähe zum Business und einer offenen Kommunikation, die ihnen einen aktuellen Überblick über die wirtschaftliche Lage vermittelt (Sahoo, 2023). Befindet sich eine etablierte Firma in einer Art Start-up-Situation, ist es dem Unternehmen gelungen, dem Exit zu entkommen. Viele Höhen und noch mehr Tiefen durchlebte die Organisation. Daher muss nun eine Art Aufbruchstimmung erzeugt werden, die hilft, Moral und Vertrauen in der Belegschaft wieder aufzubauen. Eine Aufgabe, die alle in der Organisation angeht. Es wäre unfair, die ganze Verantwortung dem Personalwesen zu übertragen nach dem Motto, wer soll es denn sonst machen, wir haben Wichtigeres zu tun. Also, wenn Sie liebe UnternehmerInnen einen HR-Business-Partner fordern, oder Sie liebe PersonalerInnen als Business-Partner wahrgenommen werden wollen, dann erwarten Sie nach einer Phase der Restrukturierung wichtige operative und strategische Handlungsfelder. Eines davon ist deckungsgleich mit dem Handlungsfeld eines neu gegründeten Unternehmens in der Wachstumsphase, das Konzipieren und Umsetzen einer Recruiting-Strategie (siehe Abschn. 3.2), die allerdings mehr Tiefe zeigen muss im Vergleich zu einem Start-up-Unternehmen. Ein weiteres Handlungsfeld heißt strategisches Kompetenzmanagement; die Überlegung, welche zukünftigen Rollen und Kompetenzen das Unternehmen benötigt, um am Markt bestehen zu können. Hierbei spielen Verhaltensweisen eine besondere Rolle, denn diese sind die Treiber oder Verhinderer bei der Veränderung von Prozessen und Strukturen, die in einer Start-up-Phase neu geschrieben werden.

Das *Führungsverhalten* bekommt ein eigenes strategisches Handlungsfeld auf der Prioritätenliste von HR. Nicht ohne Grund befindet sich ein situiertes Unternehmen in einer Start-up-Situation. Vielfach verdrängte oder ignorierte das Management, dass die Arbeitswelt einen strukturellen Umbruch durchläuft, und reagierte zu spät. Die Führungskräfte praktizierten in der Zwischenzeit ihren gewohnten Führungsstil unverändert weiter. Und die HR-Funktion konnte sich entweder nicht durchsetzen mit ihren Appellen oder reagierte ebenfalls zu spät auf die makroökonomischen Veränderungen. Der falsche Weg in dieser Situation wäre, kurzfristig einige Schulungen zu organisieren, um das Versäumte nachzuholen oder um das Management zufriedenzustellen. Die meiner Meinung nach richtige Vorgehensweise in dieser Situation ist, eine nachhaltige Personalentwicklung zu etablieren, die den betrieblichen Zielen verpflichtet ist (siehe Abschn. 3.3), und zwar schnell und unbürokratisch.

Obwohl es uns nicht gelungen ist, entsprechende Literatur zu finden, sind wir der festen Überzeugung, dass *Kommunikation* in der Start-Phase eines gereiften Unternehmens zu einem strategischen Handlungsfeld zählt und auf der Wichtigkeitsskala ein hohes Ranking einnimmt, vergleichbar mit der Restrukturierungsphase. Speziell MitarbeiterInnen und Führungskräfte wollen verstehen, warum sich viele Dinge im Unternehmen verändern und wo die Reise hingeht. Obendrein möchten sie abschätzen können, ob hinter diesen Veränderungen eine Chance oder eine Gefahr auf sie warten. Eine Situation, in der sich viele Belegschaftsmitglieder derzeit befinden, nicht zu wissen, ob sie in den nächsten zwölf Monaten noch einen Job haben oder nicht. Alles hängt davon ab, ob das Unternehmen die Transformation schafft, von der Start-up-Phase in die Wachstumsphase zu wechseln. Eine transparente und offene Kommunikation hilft enorm, Ängste, Gerüchte und Missverständnisse zu minimieren.

Ein weiteres operatives Handlungsfeld, das sich für das Personalwesen in der Start-up-Phase ergibt, ist die ***Mitarbeiterbindung.*** Auch in diesem Fall kann ich nur eindringlich empfehlen, nicht die bekannten Klischees zu bedienen und die MitarbeiterInnen mit monetären Anreizsystemen zum Bleiben zu bewegen. Eine Gehaltserhöhung hier, eine Beförderung dort, Retention-Boni für High-Performer oder Sonderzahlungen für die fleißigen Unterstützer. Finden Sie neue Wege, die Arbeitsmoral und den Teamspirit hochzuhalten.

Unabhängig davon, ob es sich bei der Start-up Phase um eine Neugründung handelt, oder ob ein etabliertes Unternehmen eine Start-up-Situation zu meistern hat, für das Personalwesen bedeutet dies in beiden Fällen nicht „Alter Wein in neuen Schläuchen" zu verkaufen oder zu alten Praktiken zurückzukehren, sondern gutes zu bewahren, schlechtes zu verändern. Zugegebenermaßen keine leichte Aufgabe für ein in die Jahre gekommenes traditionelles Unternehmen. Die HR-Funktion muss hier viel Überzeugungsarbeit leisten.

> HR und die Start-up-Phase Eine Start-up-Phase ist für jedes Unternehmen eine kritische Situation. Ganz besonders, wenn es sich um eine Neugründung handelt. Die HR-Funktion spielt hier eine entscheidende Rolle, mit dem richtigen Blick und Händchen für notwendige Veränderungen einen Beitrag zu leisten, dass das Unternehmen erfolgreich die Wachstumsphase erreicht. Das Beherrschen einer effektiven und effizienten Kommunikation gehört zu den Grundlagen in diesem Zyklus und rundet das Kompetenzportfolio der HR-Funktion ab. Die Devise muss lauten: „Weiter so, aber besser und anders".

》 Die Reise zum Business-Partner nimmt hier seinen Anfang.

4.2   HR-Praktiken, Rollen und Aufgaben von HR in der Wachstumsphase

In dem nachfolgenden Abschnitt zeige ich auf, welche HR-Praktiken, Rollen und Aufgaben von HR zum einen in der Wachstumsphase eines Start-ups Nutzen stiften, zum anderen in der Wachstumsphase eines reifen Unternehmens. Ein Unternehmen, das sich bereits seit Jahren am Markt etabliert hat.

HR-Praktiken, Rollen und Aufgaben von HR in der Wachstumsphase eines Start-ups
Die Wachstumsphase eines Start-ups ist einerseits erfreulich, andererseits sehr kritisch. Es geht um das langfristige Überleben des Unternehmens. Sobald der Gründer und sein Team es geschafft haben, das Produkt oder die Dienstleistung erfolgreich am Markt zu platzieren, fangen die strukturellen Probleme an. Die ständig steigenden Kundenanfragen und die zunehmende Anzahl an Neukunden bringen das Team an ihre Belastungsgrenze. Mehr und mehr MitarbeiterInnen werden eingestellt. Eines Tages ist der Zeitpunkt erreicht, dass der Gründer gefordert ist, das Chaos-Management hinter sich zu lassen und formale Strukturen und Prozesse aufzubauen, die für Stabilität sorgen und die dem Gründer das Überleben in der Wachstumsphase garantieren (Sahoo, 2023). Demzufolge ist es ab einer bestimmten Unternehmensgröße nicht empfehlenswert, die Personalarbeit von irgendjemandem machen zu lassen. Das haben selbst die Fabrikbesitzer im 20. Jahrhundert erkannt und eine eigene Abteilung geschaffen, die sich um Personalangelegenheiten kümmerte. Für einen ambitionierten und innovativen Personalverantwortlichen, der nicht in traditionelle Muster verfällt, sondern die Mentalität eines Start-ups versteht und schrittweise moderne Arbeitsmethoden einführt sowie formale Strukturen und Prozesse. Hierbei denke ich unter anderem an den *Recruiting-Prozess* einschließlich einer Sourcing-Strategie (siehe Abschn. 3.2), definieren von *Personal-Auswahlkriterien,* den *New Work Ansatz,* die *Digitalisierung* von Administration, *agile Organisationsformen,* und nicht zuletzt adäquate *Entlohnungsrichtlinien* unter Berücksichtigung von „was können wir

uns leisten", auch wenn der Druck hoch ist, geeignete KandidatInnen zu finden. Nicht immer ist der teuerste BewerberIn auch der Beste für das Unternehmen.

Gerade in der Wachstumsphase eines Start-ups spielt die Personalbeschaffung und -auswahl eine immens wichtige Rolle. Trial-and-Error bei der Kandidatenauswahl kostet unnötig viel Geld und Ressourcen. Der oder die Kandidatin muss mit ihrer/seiner Einstellung und Denkweise zum Gründer und seinen Wertvorstellungen passen (Boudlaie et al., 2022). Der Gründer ist in einer Phase, die von vielen Unsicherheiten geprägt ist, auf Menschen angewiesen, denen er vertrauen kann und die bereit sind, Verantwortung zu übernehmen. Denn die meisten Start-ups scheitern aufgrund menschlicher Faktoren wie fehlender Fokus auf die Geschäftsidee, Innovation, Effizienz und Qualität der Arbeitsleistung (Youssif, 2019). Nicht erwiesen ist, dass lückenhafte Strukturen mitverantwortlich sind für das Scheitern. Auch wenn bislang nicht alle Strukturen und Prozesse fehlerfrei laufen, stehen zwingend weitere HR-Praktiken auf der To-do-Liste der HR-Funktion, die es umzusetzen gilt. Dabei hat die HR-Funktion darauf zu achten, dass die zu implementierenden Systeme und Praktiken das hohe Tempo und die Dynamik aus der Start-up-Phase nicht zerstören. Aus dem Schnellboot darf keinesfalls ein langsamer Dampfer entstehen. Das A und O in der Wachstumsphase eines Start-ups bedeutet demzufolge, die *Arbeitsmoral* und das *Engagement* hochzuhalten. Die Menschen aus der ersten Stunde erleben erstmals große Veränderungen. Die Nähe zum Gründer geht verloren. Der persönliche und lockere Austausch mit ihm gestaltet sich aus Zeitgründen eher formal und hierarchisch. Immer mehr neue Kollegen nehmen ihre Arbeit auf, zu denen man noch keine Bindung aufgebaut hat. Man kennt sich nicht. Die Frustrationsgrenze bei den „alten" MitarbeiterInnen beginnt anzusteigen und Abwanderungsgedanken pflanzen sich in die Köpfe ein wie ein kleiner Virus. Ein menschenbezogener und smarter Personalverantwortlicher erkennt die Gefahr. Anstatt in alte Muster zu verfallen und innerhalb kurzer Zeit ein paar Aktionen zu implementieren, greift er oder sie auf andere Praktiken zurück und nutzt *Data-Analytics,* um gegenzusteuern. Denn Start-ups gehören in der Regel zu den technikaffinen Unternehmen, die Entscheidungen gerne daten- und faktenbasiert tätigen (Sahoo, 2023). Somit auch in diesem konkreten Fall, in dem der HR-Verantwortliche eine intelligente Technologie, vielleicht sogar mit Unterstützung einer KI, einsetzt, die in der Lage ist, die Arbeitsmoral und -zufriedenheit, das Engagement und im besten Fall sogar das Thema Führung zu analysieren und das Ergebnis interpretiert. Der Einsatz von **digitalen Kommunikationstools** schreibt dazu die entsprechende Geschichte und überträgt Daten und Grafiken in ein Dashboard. Die HR-Funktion übernimmt die Verantwortung für den Kommunikationsprozess und begleitet die Umsetzung der verabschiedeten Handlungsfelder. Die Handlungsfelder dürfen keine Schönwetterprojekte sein, sondern müssen zielgerichtet das Wachstum der Organisation unterstützen. Je schneller das Unternehmen wächst, umso mehr HR-Praktiken stehen auf der Implementierungsliste der HR-Funktion. Eines davon ist die **Personalplanung,** und zwar die quantitative sowie qualitative Personalplanung einschließlich der zu erwarteten Kosten. Definitiv kann die Implementierung durch das Personalwesen nur dann gelingen, wenn das Start-up eine aussagekräftige strategische Planung im Einsatz hat, aus der nicht nur die Geschäftsentwicklung wie Umsatz, Gewinn, Kapital, oder Investitionen hervorgehen, sondern ebenfalls der Personalbedarf der nächsten 12–24 Monate. Ansonsten besteht die Gefahr, dass die Personalbeschaffung und die Entgeltfindung eher unstrukturiert oder auf Zuruf erfolgen. Überrascht zeigen sich dann die Gründer, wenn urplötzlich zu viele MitarbeiterInnen im Unternehmen arbeiten und die Personalkosten durch die Decke gehen. Ein Phänomen, das in großen etablierten Organisationen gerade im Jahr 2024 Schlagzeilen macht. Wie dem auch sei, Start-ups haben die Möglichkeit, genau diese Fehler nicht zu wiederholen. Wie der Aufbau einer professionellen Personalplanung einschließlich eines Personalcontrollings durch das Personalwesen erfolgen könnte, ist in Abschn. 3.1 ausführlich diskutiert. Wächst das Unternehmen weiter und klettert in die Top-Liga, dauert es nicht mehr lange, bis das Thema Vergütung an Brisanz zunimmt. Anstelle gießkannenförmig Geldleistungen zu verteilen, findet ein aufgeschlossener andersdenkender Personaler alternative monetäre und nicht monetäre Möglichkeiten, die MitarbeiterInnen zufriedenzustellen. Sicherlich kennen Sie bereits die Idee von einem ESOP (Employee Stock Ownership Plan), die Beteiligung am Unternehmen. Eine faire Entlohnung ist die Grundvoraussetzung, damit der Plan aufgeht. Auf zwei Punkte möchte ich an dieser Stelle näher eingehen, die meines Erachtens in einer Phase des Wachstums als essenziell erscheinen, nicht nur für ein Start-up, sondern ebenfalls für ein etabliertes Unternehmen. Es ist die **HR-Organisation** und das Thema **Compliance.** In der Wachstumsphase steht die HR-Funktion vor einer Vielzahl von Herausforderungen. Kommen dann noch makroökonomische Probleme hinzu, wie Krisen, Kriege, Naturkatastrophen, Fachkräftemangel, demografischer Wandel, kann die HR-Abteilung unmöglich alle Aufgaben meistern. Das heißt, sie muss sich neu positionieren und eine Organisation aufbauen, die schlank ist, agil und flexibel arbeitet. Eine HR-Organisation, die mit gutem Beispiel vorangeht und nach dem make-or-buy-Prinzip handelt; selbstverständlich im Einklang mit der Unternehmensstrategie.

Ein sensibles Thema in der Wachstumsphase trägt den Namen Compliance. Das Beachten und Handeln nach Recht und Gesetz. Ich gehe sogar noch einen Schritt weiter und ordne ethisches und moralisches Verhalten der Überschrift Compliance zu. Gründer und ManagerInnen stehen in der Wachstumsphase unter enormen Druck. Die Gründer mehr als die ManagerInnen in einem etablierten Unternehmen. Die Gründer stehen einmal unter dem Druck der Investoren, die ihr eingesetztes Kapital mit einer guten Rendite zurückwollen, zum anderen, das neu gegründete Unternehmen so schnell wie möglich an die Börse zu bringen oder zu verkaufen. Und schon ist der Schritt in die Wirtschaftskriminalität eine Option, die in Betracht gezogen wird, wenn die Gefahr besteht, dass die Ziele nicht erreicht werden oder der Wettbewerber schneller ist. Hierzu eine wahre Geschichte (Kurzversion) aus dem Buch von Benjamin Schorn mit dem Titel Gier, Macht, Scham? Motive krimineller Manager psychologisch erklärt (2022), die im Silicon Valley für großes Aufsehen sorgte.

Ein junger Student beginnt seine erste Tätigkeit bei einem erfolgsversprechenden Start-up. Die Gründerin, eine charismatische Person, beeindruckte ihn mit ihrem Enthusiasmus, Engagement und Begeisterungsfähigkeit ihrer Produktidee. Großzügige Investoren verschafften dem Unternehmen einen Marktwert von neun Milliarden US-Dollar. Im Board of Director saßen hochkarätige Manager aus Wirtschaft und

Politik, die der Gründerin blind vertrauten. Schließlich wollten sie nicht das „nächste große Ding" verpassen (Schorn, 2022, S. 127).

Das Produkt, das sie auf den Markt bringen wollte, war eine Blutanalysemaschine, die mit nur einen einzigen Tropfen Blut 300 zuverlässige Bluttest durchführen sollte. Leider erwies sich ihre Vision als technisch nicht umsetzbar. Also begannen die Mitarbeiter die Ergebnisse jahrelang zu fälschen mit dem Risiko, Menschenleben aufs Spiel zu setzen.

Der junge Student wuchs in diese kriminelle Unternehmenskultur hinein und empfand es als gängige Praxis. Denn schließlich machten die hoch ausgebildeten Wissenschaftler keine Andeutung, also warum er. Erst als die Firma gefälschte Ergebnisse an die überprüfende Behörde schickte, fasste er den Entschluss, zum Whistleblower zu werden. Diese Geschichte zeigt, dass nicht nur große Unternehmen ein Compliance-Management benötigen, sondern auch Start-ups. Die HR-Funktion sollte dieses Thema nicht ihre Verantwortung nehmen. Denn keiner arbeitet gern mit einem Verräter zusammen oder verpfeift seinen eigenen Chef. Das Personalwesen sollte klugerweise lediglich als Koordinator auftreten und Compliance-Verstöße vertraulich von einer externen Stelle untersuchen lassen.

Betonen möchten wir an dieser Stelle, dass die vorgeschlagenen HR-Praktiken in ihrer Intensität je nach Größe und Unternehmensform des Start-ups variieren. Außerdem kann man davon ausgehen, dass der Gründer und das Management beanspruchen, bei der Auswahl der HR-Praktiken mitzuentscheiden. Dabei geht es meines Erachtens (hoffentlich) nicht um das Kontrollieren oder Beschneiden von Kompetenzen der HR-Funktion, sondern um das Abwägen, ob die vorgeschlagenen Aktivitäten zum langfristigen Geschäftsmodell passen.

Unbedingt zu vermeiden ist, dass sich das Personalwesen zum Alleskönner entwickelt und in die Rolle des Verwaltungsexperten fällt. Ein Start-up ist nicht der kleine Bruder eines traditionellen Unternehmens, dem man allgemeine HRM-Praktiken überstülpen kann. Die Herausforderung besteht darin, eine gute Balance zu finden zwischen formellen und informellen HR-Praktiken (Youssif, 2019) unter Berücksichtigung der Lifecycle-Phasen eines Start-ups, wie sie die Autoren Passaro et al. (2016) und (Boudlaie et al., 2022) charakterisierten. Eine hervorragende Herausforderung für einen Personalverantwortlichen, der das Potenzial hat, in die Rolle des Business-Partners zu wachsen.

HR-Praktiken, Rollen und Aufgaben von HR in der Wachstumsphase eines reifen Unternehmens

In diesem Abschnitt zeigen wir auf, wie die HR-Funktion als strategischer Business-Partner die Wachstumsphase eines etablierten Unternehmens unterstützen kann. Es ist ein Erfahrungsbericht.

Die Geschäftseinheit, in der ich als globaler HR-Direktor tätig war, befand sich seit Jahren in finanzieller Schieflage. Meistens zeigte das Betriebsergebnis eine schwarze Null. Zusammen mit einem externen Consultant entstand ein Recovery-Plan, der die Firma zunächst in eine Start-up-Phase versetzte. Eine umfangreiche Ist-Analyse deckte für jede Funktion Handlungsfelder auf, die es umzusetzen galt, um das Unternehmen fit für die Wachstumsphase zu machen. Unter meiner Verantwortung galt es zunächst, die folgenden Verbesserungsmaßnahmen umzusetzen:

- Verbesserung der Kommunikation
- Klare Definition von Rollen und Verantwortung für jede Funktion
- Karriereentwicklung
- Strukturiertes Onboarding
- Kompetenzmanagement
- Talentmanagement

Im Anschluss erfolgte die Festlegung der **Wachstumsstrategie** für das Unternehmen. Jede Funktion erhielt die Aufgabe, eine Strategie zu entwickeln, die die Wachstumsstrategie der Organisation unterstützt.

Mein globales Team und ich gingen folgendermaßen vor. Im ersten Schritt wandten wir das klassische Instrument einer SWOT-Analyse an und analysierten die externen Trends, Risiken und Chancen bezogen auf das politische Umfeld, die Kunden und die technologischen Veränderungen, die makroökonomische Wirtschaftslage und die sozio-kulturelle-Situation (siehe Abb. 4.1). Umfangreiche Recherchen im Internet, in einschlägigen Medien, bei Trendforschern, Literatur, Verbände oder Befragungen lieferten die entsprechenden Informationen, die

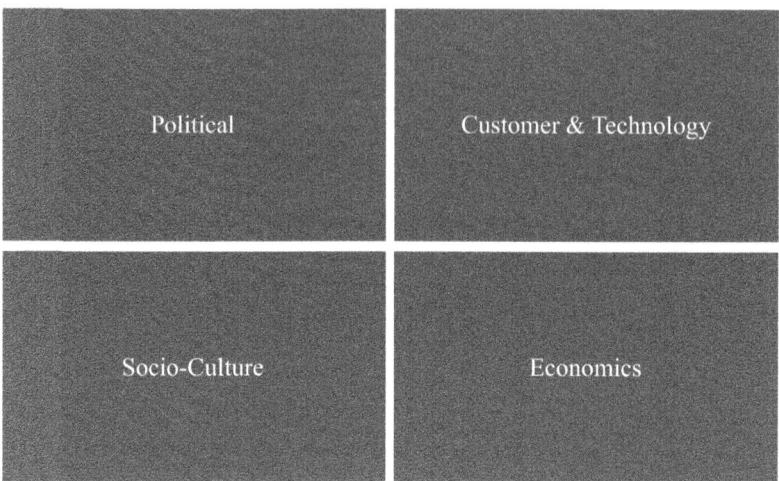

Abb. 4.1 Analysis external trends, threats and opportunities. (Quelle: Eigene Darstellung)

themenspezifisch zusammengefasst wurden. Somit konnten wir für jede Kategorie aufzeigen, wo wir als HR-Funktion ansetzen müssen,

Im zweiten Schritt analysierten wir die Stärken und Schwächen der Organisation und konzentrierten uns auf sechs Dimensionen (siehe Abb. 4.2), die vorhandenen Skills, die Kompetenzen, das Verhalten, die Unternehmenskultur, das bestehende Wissen und analysierten die Organisation als Ganzes.

Jede der sechs Dimensionen enthielt Aussagen, die farblich darstellten, wo die Stärken im Unternehmen liegen, wo die Organisation weder gut noch schlecht ist und wo die Schwächen liegen. Wir nannten es das Organisation-Barometer. Mit der Offenlegung der Schwächen machten wir uns keine Freunde. Insbesondere zeigte sich der CEO bei manchen Punkten verärgert über unsere Offenheit.

Aus der Fülle von Informationen, die uns die externe und interne Analyse lieferte, leiteten wir für das Personalwesen sechs Megatrends ab, siehe Abb. 4.3

Die Megatrends mit den beschriebenen Aussagen sind lediglich ein Auszug dessen, was wir im großen Stil erarbeitet haben, und erhebt

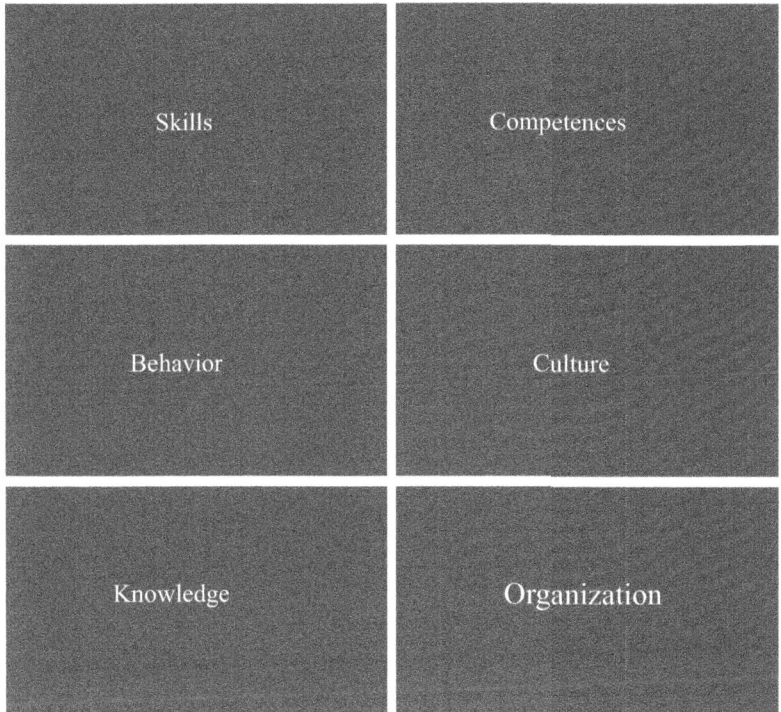

Abb. 4.2 Analysis internal strengths and weaknesses. (Quelle: Eigene Darstellung)

keinen Anspruch auf Vollständigkeit oder Richtigkeit. Mit Sicherheit würde heute der eine oder andere Megatrend durch einen anderen substituiert werden müssen wie auch die Formulierung der Zielsetzung. Mir geht es ausschließlich um das Aufzeigen der Systematik. Die definierten Megatrends dienten uns als Grundlage für die Formulierung von strategischen Handlungsfeldern (siehe Abb. 4.4).

Die strategischen Handlungsfelder basierten nicht nur auf die identifizierten Megatrends, denn wie Sie wissen, sind Megatrends sehr weit in die Zukunft gerichtet. Daher benötigt das Unternehmen keine Fantasieprojekte, sondern schnelle, unbürokratische und flexible Unterstützung für die nächsten 12–24 Monate. Demzufolge erarbeiteten wir für jede Dimension einen messbaren Aktionsplan, der eine klare Zielsetzung

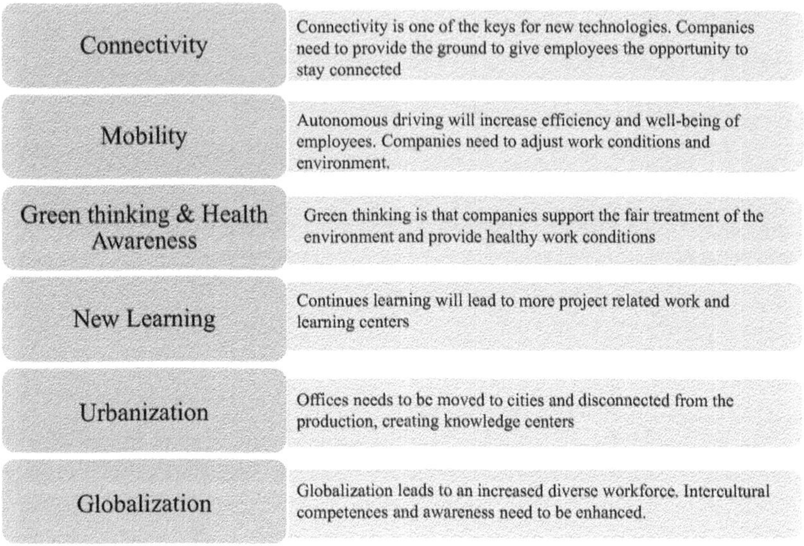

Abb. 4.3   Human Resource Megatrends. (Quelle: Eigene Darstellung)

Abb. 4.4   Human Resource Strategic Actions. (Quelle: Eigene Darstellung)

enthielt, einen erklärenden Inhalt der Zielformulierung und messbare Aktivitäten, einen Verantwortlichen und die geschätzten Kosten. Auszug aus einem Beispiel für die Dimension Diversity (siehe Abb. 4.5).

Zur Umsetzung ist es zum großen Bedauern meiner MitarbeiterInnen nie gekommen. Die Geschäfteinheit wurde an einen ausländischen Investor verkauft und unsere Ausarbeitung diente lediglich als Marketinginstrument.

Die Frage, die sich gewiss viele Leser und Leserinnen stellen ist, muss man wirklich solch einen Aufwand betreiben, um aufzuzeigen, wie die HR-Funktion in der Wachstumsphase das Unternehmen unterstützen kann? Meine klare Antwort ist ja, wenn Sie als strategischer Business-Partner wahrgenommen werden möchten oder doch lieber als Verwaltungsexperte und Umsetzer von Anweisungen bleiben wollen, dann Nein. Obendrein ist dieser Aufwand in der beispielhaften Form nicht jährlich erforderlich (Eneh & Awara, 2016). Denn eine Strategie bleibt erst einmal einige Jahre unverändert. Ein Re-Design benötigen allenfalls die Zielbeschreibung innerhalb der strategischen Dimensionen und die messbaren Aktionspläne. Nicht berücksichtigt haben wir in unserer Ausarbeitung die Handlungsfelder strategische Planung, Compensation & Benefits und Compliance. Eine strategische Planung existierte bereits

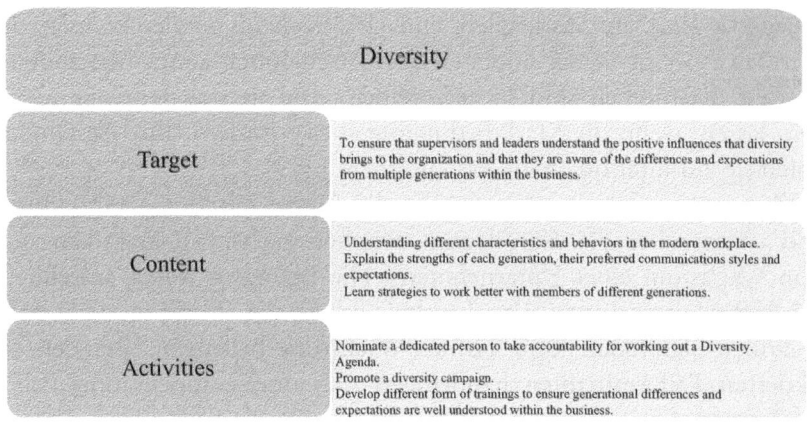

Abb 4.5 Beispiel Aktionsplan zur Erreichung des strategischen Planes Diversity. (Quelle: Eigene Darstellung)

in HR. Allerdings in Form einer komplexen und übergroßen Excel-Liste, die Themen Compensation & Benefits sowie Compliance lagen in der Verantwortung von HR Corporate.

Bei der Literatur-Recherche bin ich auf einen wissenschaftlichen Artikel gestoßen, der die Thematik Human Ressource Management Practices und organisational Growth untersuchte. Die Autoren Eneh und Awara (2016) kommen zu der Schlussfolgerung, dass in der Wachstumsphase eines Unternehmens folgende strategische HR-Praktiken zu implementieren sind:

- Strategische Planung
- Employer Branding
- Aufbau einer strategischen HR-Organisation
- Up-skilling
- Training
- Recruiting
- Belohnungssysteme

Strapaziert haben die Forscher das Handlungsfeld „Ressourcen", im Sinne von Mitarbeiterqualifikationen und -kapazitäten, da es ihrer Ansicht nach den Firmen einen nachhaltigen Wettbewerbsvorsprung verschaffen kann. Vor allen Dingen, wenn die Mitarbeiterqualifikationen einzigartig sind, am Markt nicht einfach eingekauft werden können, der Wettbewerber sie weder kopieren noch nachahmen kann. Mit anderen Worten, Ressourcen sind so aufzubauen, dass sie sich jederzeit verändern lassen, wenn die Marktbedingungen es erfordern. Ihre Annahmen trafen sie auf ihrer qualitativen Untersuchung.

Eine interessante quantitative Studie führte Vlachos (2009) durch und untersuchte die Korrelation zwischen sechs HR-Praktiken und dem Wachstum eines Unternehmens. Die Befragten waren ausschließlich HR-ManagerInnen. Das Ergebnis zeigte, dass fünf von sechs HR-Praktiken signifikant zum Firmen-Wachstum beitrugen. Bei den selektierten Determinanten handelte es sich um Compensation Policy (performance-based-payment), Decentralization & Self-managed-teams (selbstbestimmte Teamarbeit), Information-Sharing, Selective Hiring (Auswahlkriterien standardisieren), Training & Development. Keinen positiven Effekt auf das Firmen-Wachstum zeigte Job-Security. Es würde den Rahmen dieses Kapitels sprengen, jeden einzelnen Determinanten und Variable im Detail zu beschreiben. Die ausführliche Studie ist meines Erachtens sehr aufschlussreich und lesenswert.

Von hoher Relevanz finde ich die Analyse von Mitsakis (2014), der tabellarisch darstellt, welche HR-Aktivitäten in welcher Phase des Business-Life-Cycle einzusetzen sind, was genau unserem Ansatz entspricht. Nicht alle HR-Praktiken stiften in jeder Phase Nutzen. Ein strategischer Business-Partner muss demzufolge ein entsprechendes Bewusstsein entwickeln und wählt gezielt die HR-Praktiken, die einen wirtschaftlichen Zweck erfüllen und nicht seine persönlichen Präferenzen befriedigen.

4.3   HR-Praktiken, Rollen und Aufgaben von HR in der Reifephase eines Unternehmens

Unternehmen, die ihren Reifegrad erreicht haben, können stolz darauf sein, dass sie so weit gekommen sind. Eigentlich eine komfortable Situation. Das Produkt oder der angebotene Service haben sich am Markt gut eingeführt. Die Produktionsanlagen laufen und sind gut ausgelastet. Der Kundenstamm ist aufgebaut. Für die Gewinnung von Neukunden ist man zu träge geworden. Man vertraut auf die Loyalität der Bestandskunden. Für Veränderungen sieht man keine Notwendigkeit (Mitsakis, 2014). Fehlendes Wachstum und sinkenden Gewinn versucht man mit Optimierungsmaßnahmen zu kompensieren. Im Vordergrund stehen jetzt die Produktivität, Profitabilität, Kostenoptimierung, Effizienz und Effektivität zu verbessern. Damit verbunden sind Umstrukturierungen und oftmals moderate Restrukturierungen. Ohne Zweifel alles notwendige Maßnahmen in der Reifephase eines Unternehmens, um wieder eine Spitzenform zu erreichen (Bišić, 2018), mit Konsequenzen für die Beschäftigten. Grundsätzlich bedeuten zurückgehende Umsätze kein Wachstum, bestenfalls Stagnation. Kein Wachstum oder Stagnation heißt, es fehlen spannende Herausforderungen durch neue Stellen. Die alten Jobs verlieren ihren Flow und verfallen zu Routinearbeiten. Die MitarbeiterInnen beginnen sich zu langweilen, und der Abkehrwille oder die Krankheitsrate steigen. Ebenso lassen das Engagement und die Loyalität nach. Wie ein Virus breitet sich Unzufriedenheit aus. Hinzu kommt, dass erfahrungsgemäß ebenfalls offene Stellen nicht mehr besetzt werden und dem Rotstift zum Opfer fallen. Die MitarbeiterInnen dürfen die zusätzliche Arbeit mitübernehmen. Die Arbeitsbelastung und die Burn-out-Fälle zeigen einen negativen Trend. Am schlimmsten betroffen sind die Führungskräfte.

Genau jetzt ist der richtige Zeitpunkt, an dem die HR-Funktion als echter Business-Partner auftritt. Mit anderen Worten, nicht in alte Muster zu verfallen und die üblichen Stellhebel zu bedienen wie Gehaltskürzungen oder Einfrieren von Lohnerhöhungen, Streichen von Sonderleistungen, Reduzieren von Training und Personalentwicklungsmaßnahmen, Low-Performer-Programme mit dem Ziel, diese zu entlassen, sondern Alternativen entwickeln, die einerseits Kosten reduzieren und andererseits die MitarbeiterInnen motivieren Effizienz und Produktivität hochzuhalten.

❯❯ Radikal neu denken ist die Prämisse, wenn das Unternehmen in der Reifephase steckt.

Am besten in der eigenen Organisation mit dem radikal neuen Denken anfangen und alle *HR-Prozesse sowie die HR-Organisation auf Wirksamkeit überprüfen.* In einem weiteren Schritt wird aufgezeigt, wie man durch den Einsatz von *neuen Technologien* seine Prozesslandschaft optimieren kann, und welchen Effekt die eigenen Optimierungsmaßnahmen auf die Wertschöpfung aufweisen. Neben der Verbesserung der HR-Prozesse gehören ferner alle HR-Praktiken auf den Prüfstand, mit derselben Zielsetzung, zu untersuchen, ob sie noch dem wirtschaftlichen Nutzen dienen. Angefangen von den traditionellen Arbeitsverhältnissen bis hin zur Entgeltfindung, Personalentwicklung und dem bestehenden CSR (Corporate Social Responsibility).

Anstelle über fehlender Ressourcen zu lamentieren und den traditionellen Arbeitsverhältnissen nachzutrauern, müssen kreative und innovative Alternativen auf den Tisch, die aufzuzeigen, wie der Personalengpass bezwungen werden kann. Gefragt sind *flexible und anpassungsfähige Arbeitsformen,* die einen Teil der Fixkosten zu einer Variablen machen.

In der Hoffnung, dass in der Wachstumsphase oder vielleicht sogar bereits in der Start-up-Phase eine quantitative und qualitative Personalplanung aufgebaut wurde, idealerweise längst digitalisiert, kann dieses Instrument dem HR-Business Partner wertvolle Informationen liefern. Hierzu zählen Angaben wie, in welchen Bereichen offene Positionen auf „on hold" sind und ob die Möglichkeit besteht, die fehlenden Ressourcen, entweder mit internem Know-how abzudecken, oder durch Auslagerung der Arbeit (nicht Outsourcing), oder neue Arbeitsformen eine Lösung sein kann (Crowdworking). Oder, dass vielleicht sogar die Option besteht, durch den Einsatz von KI und der Digitalisierung, die Lücke zu füllen. *Data-Analytics zählt* in der Reifephase zu einem weiteren unverzichtbaren Instrument für die HR-Funktion. Mithilfe der Datenanalyse erkennt man Störfaktoren, die das Engagement, die Effizienz und die Produktivität der MitarbeiterInnen beeinflussen. Entweder man nutzt hierfür verschiedene Kennzahlen oder eine entsprechende skalierbare Erhebung, die die Daten in Trends umwandelt. HR-Data-Analytics zieht sich wie ein roter Faden durch alle HR-Praktiken, sei es für den Recruiting-Prozess, für das Kompetenz-Management, die Personalplanung, das Performance-Management, die Personalentwicklung oder die Entgeltfindung.

Das Reduzieren von Personalentwicklungsmaßnahmen, die das Personalwesen in guten Tagen entwickelte und implementierte, gehört in der Reifephase ebenfalls zu den gängigen Sparmaßnahmen. Nur zu gut kennen wir dies aus der Praxis. Es sind die low-hanging-fruits, genauso wie die Reduzierung von Entgeltleistungen, die einen schnellen positiven Effekt auf den Gewinn aufzeigen. Mit den heutigen technischen Möglichkeiten kann ein HR-Business-Partner ganz anders agieren. Die Kosten senken und gleichzeitig die Personalentwicklungsmaßnahmen weiter auf hohem Niveau durchführen (siehe Abschn. 3.3). Gerade in der Reifephase eines Unternehmens müssen insbesondere die ManagerInnen weiterentwickelt werden (Mitsakis, 2014). Denn in diesem Zyklus, der übrigens zu den kritischsten im gesamten Business-Life-Cycle zählt (Dull, 2023,) ist ein anderer Führungsstil anzuwenden als in der Wachstumsphase. Was für die Führungskräfte gilt, trifft auch auf die MitarbeiterInnen zu. Weitsichtige Firmen betreiben in der Reifephase außerordentlich viel Organisationsentwicklung und legen den Grundstein für strategische und strukturelle Veränderungen mit Auswirkungen auf Aufgaben, Rollen, Kompetenzen und Verhalten der MitarbeiterInnen. Geradezu fahrlässig erscheint es, wenn die MitarbeiterInnen auf diese Veränderungen nicht die entsprechende Trainingsmaßnahme erhalten. Selbstverständlich mit kostengünstigen, aber dennoch qualitativ hochwertigen Angeboten.

Gängige Praxis ist, in der Reifephase das Know-how von externen Beratern zu nutzen, damit diese zusätzliches Einsparpotenzial aufzeigen; das Kürzen oder Streichen von monetären Sonderleistungen gehört zu den beliebten und erfolgsversprechenden Posten. Der menschlichen Seite schenkt man keine Beachtung. In der heutigen Zeit für uns ein No-Go. Es gibt auch smartere Lösungen. Wenn ich den MitarbeiterInnen aus wirtschaftlichen Gründen etwas wegnehmen muss, auch wenn es eine freiwillige Leistung des Unternehmens war mit dem Hinweis, dass daraus kein Anspruch für die Zukunft besteht, muss etwas anderes, vielleicht sogar für den MitarbeiterIn etwas Wertvolleres, zurückgegeben werden. *Stichwort Anreizsysteme der anderen Art.* Die Prämisse lautet, radikal neu denken beim Wegnehmen und beim Tauschgeschäft (siehe Abschn. 3.5). Stagnieren die Umsätze oder gehen sie sogar zurück, dreht sich in dieser Phase alles um Produktivität, Effizienz, Effektivität, Kosten senken, Organisationsveränderungen und/oder Restrukturierungen. *Change-Management und Performance-Management,* wie aus dem Lehrbuch. Eine Situation, die für die HR-Funktion ein wirklicher Gamechanger sein kann, endlich die Position als strategischer Business-Partner einzunehmen.

4.4 HR-Praktiken, Rollen und Aufgaben von HR in der Abschwung-Phase eines Unternehmens

Ist es dem Unternehmen in der Reifephase nicht gelungen, durch neue Produkte oder Dienstleistungen oder strukturelle Veränderungen und Optimierungsmaßnahmen zurück in die Wachstumsphase zu wechseln, bleiben die Möglichkeiten, entweder das Unternehmen gesundzuschrumpfen, die Firma ganz oder teilweise zu verkaufen oder im schlimmsten Fall, die Firma zu schließen. Die stark sinkenden Umsätze, die diese Phase prägen, erweisen sich oft als eine Kombination aus makro- und mikroökonomischen Einflussfaktoren, die mit kurzfristigen Aktionen nicht zu bewältigen sind. Zu den kurzfristigen Maßnahmen zählen Arbeitszeitverkürzungen, Kurzarbeit, Gehaltsverzicht, ZeitarbeitnehmerInnen kündigen oder das Nichtverlängern von befristeten Arbeitsverhältnissen. Alles Routineaufgaben für das Personalwesen, die eine schematische Abarbeitung erfordern. Bei tiefgreifenden strukturellen und konjunkturellen Veränderungen, die unsere Arbeitswelt derzeit treffen, berichten die Medien von einem massiven Stellenabbau, den Firmen planen. Betroffen sind Hunderttausende von Stellen. In solch einer Situation trennt sich die Spreu vom Weizen und zeigt, wer das Format zum HR-Business-Partner hat oder ein Abwickler, der keine kritischen Fragen stellt oder jemand, der lieber als Selbstdarsteller Eigenmarketing betreibt und Wert darauf legt, dass seine Follower in den sozialen Medien, ihn wegen seiner unkonventionellen, trendigen Ideen feiern Genau das wird in einer Restrukturierungsphase nicht gebraucht. Benötigt wird ein stressresistenter, kommunikationsstarker und respektvoller Charakter, der mit Gelassenheit, nicht Gleichgültigkeit, die Interessen des Arbeitgebers mit den Arbeitnehmervertretern auf allen Ebenen auf Augenhöhe hart verhandelt. Gleichzeitig ist seine Aufgabe, das Management zu überzeugen, dass Stellenabbau nicht zwingend mit Mitarbeiterentlassungen verbunden sein muss. Einige Firmen haben längst erkannt, welche negativen Auswirkungen Entlassungen für die Organisation haben. Ein Forscherteam der Universität Auburn, Baylor und Tennessee fand heraus, dass Unternehmen, die Entlassungen vornehmen, doppelt so häufig Konkurs anmelden wie Unternehmen, die keine MitarbeiterInnen freisetzen. Zudem haben die Forscher analysiert, dass nach einer Entlassung die verbliebene Belegschaft eine um 20 % geringere Produktivität aufzeigt (Sucher & Gupta, 2018). Signifikanter Personalabbau hinterlässt ungesunde Spuren auf die Psyche der verbliebenen MitarbeiterInnen. Der Stresslevel steigt, da Prozesse und Abläufe oft gleichbleiben und die Arbeit von den wegrationalisierten KollegInnen mitübernommen werden muss, das Vertrauen in die Organisation geht verloren, denn es zeigt sich, dass gute Performance keine Garantie ist, seinen Job nicht zu verlieren. Wissenschaftlich ist erwiesen, dass hoher Stress negative Auswirkungen auf das Engagement und die Loyalität aufzeigen. Mit einer offenen und zeitnahen persönlichen *Kommunikation* kann die HR-Funktion das Management und die Führungskräfte unterstützen, die negativen Auswirkungen des Stellenabbaus abzuschwächen. Fehlende Transparenz im Kommunikationsprozess führt dazu, dass sich die MitarbeiterInnen Informationen selbst besorgen. Dadurch entstehen schnell eine Fülle von Falschinformationen und Gerüchten, die wie ein Lauffeuer die Organisation verbrennen. Ein HR-Business-Partner auf Augenhöhe versteht, dass Kommunikation eines der machtvollsten strategischen Instrumente in einer Krisensituation ist und weiß, wie man dies zielführend einsetzt, ohne zu manipulieren (Erburu et al., 2013).

Nicht zu unterschätzen sind die Effekte von Personalentlassungen auf die Unternehmenskultur, auch wenn einige Unternehmensführer das als „Firlefanz" abwerten und dafür keine Zeit verschwenden wollen. Der Abbau von Stellen verändert, Strukturen, Abläufe, die Aufbauorganisation, die Verantwortung der Führungskräfte, Rollen und Aufgabe der MitarbeiterInnen und nicht zuletzt die Art und Weise der Zusammenarbeit. All dies formt eine neue Unternehmenskultur, was einen positiven Nebeneffekt haben kann. Endlich bekommt das Unternehmen, die perfekte Unternehmenskultur, die es sich schon lange wünschte, effektiv und effizient (Sweeney, 2016). Gleichzeitig schafft eine veränderte Unternehmenskultur ein neues Wertesystem. MitarbeiterInnen und Führungskräfte aus der „alten" Unternehmenskultur eines etablierten Unternehmens werden versuchen, das neue Wertesystem zu untergraben (Schein & Schein, 2018). Darauf muss ein HR-Business-Partner hinweisen und natürlich Lösungen aufzeigen. Sonst läuft er oder sie erfahrungsgemäß gegen Windmühlen. Gegen Windmühlen läuft die HR-Funktion garantiert nicht, wenn sie Lösungen aufzeigt, ungewünschte Fluktuation unter Kontrolle zu halten. Erfahrungsgemäß sind es die Bestperformer und Know-how-Träger, die zuerst das sinkende Schiff verlassen. Frühzeitig müssen diese von den Vorgesetzten identifiziert werden. Die HR-Funktion muss an erster Stelle auf der Liste stehen, nicht nur, weil wir selbst zu dieser Spezies gehört habe, sondern weil eine Restrukturierungsphase ohne einen umsetzungsstarken menschenzentrierten HRler scheitern würde. Einige bekannte PersonalerInnen erfüllten diese Voraussetzungen nicht und wurden von der Geschäftsleitung ausgetauscht. Damit hat sich das Thema Retention für sie erledigt. Retention-Programme oder Anreizsysteme für Bestperformer und Know-how-Träger dürfen nicht als Gießkannenprinzip verkommen. Mit jedem einzelnen MitarbeiterIn, der auf der Retention-Liste steht, ist ein vertrauliches individuelles Gespräch zu führen, um herauszufinden, was ihn bewegen könnte, dem Unternehmen loyal verbunden zu bleiben, wenigstens bis zum Abschluss der Umstrukturierung. Denn eine Krise wird nicht ewig dauern. Bei einem Firmenverkauf, ganz oder teilweise, erreicht die Thematik Retention eine ganz andere Dimension von Wichtigkeit. Unweigerlich erwartet der potenzielle neue FirmeneigentümerIn, dass er oder sie das Know-how erhält, das vertraglich in der Verkaufssumme festgelegt wurde.

Grundsätzlich sind Personalentlassungen eine unschöne Angelegenheit, die mehr wirtschaftlichen Schaden anrichten als langfristigen Nutzen stiften. Umso wichtiger ist es, dass die HR-Funktion, in seiner Rolle als Business-Partner, eine *nachhaltige Trennungskultur* entwickelt und umsetzt, siehe Abschn. 3.6 und den Artikel von Sucher und Gupta (2018). Eine nachhaltige Trennungskultur berücksichtigt die Interessen der MitarbeiterInnen, des Unternehmens und der Gesellschaft. Im Zeitalter der sozialen Medien, wo jeder Zugang zu Informationen hat, geht es astronomisch schnell, die Reputation einer Firma zu zerstören. Die Restrukturierungsphase stellt hohe Anforderungen an die HR-Funktion. Es ist so viel mehr als das Abarbeiten der Liste von Entlassungen oder das Verhandeln eines Sozialplanes. Es gilt, die Moral und das Engagement in der Belegschaft hochzuhalten, die Know-how-Träger nicht zu verlieren und die Organisation auf die Zeit danach vorzubereiten.

Fazit

Die HR-Funktion muss umdenken. Eine Strategie zu entwickeln, reicht nicht aus, um als Business-Partner Anerkennung zu bekommen. Die HR-Verantwortlichen müssen ein Verständnis dafür bekommen, welche strategischen HR-Praktiken in den verschiedenen Phasen eines Business-Life-Cycle zur Wertschöpfung beitragen. In der Start-up-Phase eines neu gegründeten Unternehmens liegt der Fokus auf das Rekrutieren von geeigneten Mitstreitern, in der Wachstumsphase geht es um den Aufbau von Strukturen, Abläufe und Prozesse, bei einem etablierten Unternehmen um strategische Planung, Upskilling, Belohnungssysteme, in der Reifephase stehen das Change-Management, Performance-Management, Werte-Management, Data-Analytics, New Work im Vordergrund. In der Phase des Abschwungs ist es die Trennungskultur, Personalabbau und die Kommunikation mit den MitarbeiterInnen.

Es ist wichtig, ein gesundes Verständnis dafür zu entwickeln, welche strategischen HR-Praktiken in einer bestimmten Phase sinnvoll sind und welche weniger Beachtung verdienen. Wer in einer wirtschaftlich kritischen Situation seine Ressourcen für Female-Empowerment-Programme, Home-Office oder erweiterte Elternzeit einsetzt, hat seinen Job als Business-Partner nicht verstanden. Unbedingt darauf zu achten ist, dass alle HR-Praktiken zu einer flexiblen, agilen, anpassungsfähigen Organisation passen.

Literatur

Bišić, H. (2018). The Impact of Restructuring on improving Performance in the mature stage of corporate Life Cycle. *Anali Pravnog fakulteta Univerziteta u Zenici, 22*, 121–136. https://www.prf.unze.ba/Docs/Anali/Anali-22god11/7.pdf. Zugegriffen: 17. Dez. 2024.

Boudlaie, H., Mahdiraji, A. H., Jirandeh, S. M., & Jafari-Sadeghi, V. (2022). The Role of Human Resource Management in the Growth of Startups: A Multiple Case Study from the Perspective of Entrepreneurs and Employees. *World Review of Entrepreneurship, Management and Sustainable Development, 18*(3), 307–324. https://doi.org/10.1504/WREMSD.2022.122540.

Dull, D. (2023). New Work – die Illusion von der großen Freiheit. *Ausprägungen der neuen Arbeitswelt.* Springer Gabler. https://doi.org/10.1007/978-3-658-41220-3.

Eneh, S. I., & Awara, N. F. (2016). Strategic Human Resource Management Practices and Organizational Growth: A Theoretical Perspective. *Global Journal of Social Sciences, 15*, 27–27. https://doi.org/10.4314/giss.v15i1.3.

Erburu, L. S., Ruz, E. S., & Arboledas, J. R. (2013). Economic crisis and communication: The role of the HR manager. *Business Systems Review, 2*(2). https://doi.org/10.7350/BSR.V14.2013.

Mitsakis, F. V. (2014). Human Resource Management, Economic Crisis and Business Life Cycle: A Literature Review and Discussion. *International Journal of Human Resource Studies, 4*(1). https://doi.org/10.5296/ijhrs.v4i1.5303.

Passaro, R., Quinto, I., Rippa, P., & Thomas, A. (2016). The start-up lifecycle: An interpretative framework proposal.*Conference: XVII Annual Scientific Meeting of the Italian Association of Management Engineering (AiIG), – Higher Education and Socioeconomic Development, October 13–14, 2016At: .* Bergamo. https://www.researchgate.net/publication/309810631_The_start-up_lifecycle_an_interpretative_framework_proposal. Zugegriffen: 28. Nov. 2024.

Rudnicka, J. (2024, 09). *statista.com.* https://de.statista.com/statistik/daten/studie/586383/umfrage/durchschnittliche-mitarbeiterzahl-von-startups-in-deutschland/. Zugegriffen: 12. Okt. 2024.

Sahoo, M. (2023). Role of Human Resource Management Practices and HR Analytics in Start-Ups. In: S. Patnaik, V. Pallotta, & K. Tajeddini (Hrsg.), Global Trends in Technology Startup Projekt Development and Management. Innovation, Technology, and Knowledge Management. Springer. https://doi.org/10.1007/978-3-031-40324-8_6.

Schein, E. H., & Schein, P. (2018). *Organisationskultur und Leadership* (Bd. 5). Vahlen.

Schorn, B. (2022). *Gier, Macht, Scham? Motive krimineller Manager psychologisch erklärt* (Bd. 1). Frankfurter Allgemeine Buch.

Sucher, S. J., & Gupta, S. (2018). Layoffs that don't break your company. *Harvard Business Review* (Mai-Juni). https://hbr.org/2018/05/layoffs-that-dont-break-your-company. Zugegriffen: 26. Dez. 2024.

Sweeney, M. (2016). The Effects of Downsizing on Organizational Culture in the Newspaper Industry. (W. University, Ed.) https://scholarworks.waldenu.

edu/cgi/viewcontent.cgi?article=3378&context=dissertations. Zugegriffen: 27. Dez. 2024.

Vlachos, I. P. (2009). The effects of human resource practices on firm growth. *International Journal of Business Science and Applied Management, 4*(2). https://nrl.northumbria.ac.uk/id/eprint/12913/5/4_2--17-34-Vlachos.pdf. Zugegriffen: 14. Dez. 2024.

Youssif, A. K. (2019). Prospective on Human Resources Management in Startups. *Information Sciences Letters, 8*(3), 81–88. https://doi.org/10.18576/isl/080301.

5

Die HR-Influencer – Menschen und Institutionen, die Spuren hinterlassen haben

Zusammenfassung Die Faszination für die Welt des Personalmanagements hat seit Jahren Wissenschaftler, Institute und Menschen aus der Praxis erfasst. Mit ihren Ideen, Initiativen sowie Konzepten hinterließen sie tiefgreifende Spuren, die bis heute auf die Personalarbeit wirken. Es waren die Vordenker, die sich intensiv mit Fachthemen auseinandergesetzt haben, immer mit dem Ziel, die Wichtigkeit des Personalwesens zu untermauern. Manch einer setzte die Grundmauern der Personalarbeit, der Personalorganisation und klärte die Stellung des Personalleiters. Eine ideale Basis, auf der andere ihre Forschungsprojekte aufbauen konnten. Diese Menschen sind es wert, dass sie nicht in Vergessenheit geraten. Denn ihre Arbeiten sind nachhaltig und keine Eintagsfliegen. Wir haben sie Influencer genannt, auch wenn sie keinen Auftritt in den sozialen Medien haben. Follower haben sie allemal. Später war es die Technik, die die HR-Arbeit veränderte. Langweilige, einfache, monotone Routinearbeiten übernahmen computergestützte Softwareprogramme. Es dauerte Jahre, bis manch ein Personalverantwortlicher seine heiß geliebten Excel-Tabellen oder selbst gestrickten Programme gegen moderne Technik aufgab. Quantensprünge gab es nie.

© Der/die Autor(en), exklusiv lizenziert an Springer Fachmedien Wiesbaden GmbH, ein Teil von Springer Nature 2025
D. Dull und U. L. Zischewski, *HR - vom administrativen Experten zum strategischen Business-Partner,* https://doi.org/10.1007/978-3-658-47871-1_5

5.1   Die Menschen

Franz Goossens, der Vergessene. Franz Goossens hat in den 1950er Jahren in seinem Handbuch der Personalleitung die Grundlagen für das Personalwesen gelegt. Seine Erkenntnisse über die Grundfragen zur Personalorganisation und Personalführung, die Organisation des Personalwesens, die Aufgaben, Stellung und Einordnung der Personalleitung in die Betriebshierarchie wirken bis heute nach. Unter anderem hat sich Goossens Gedanken gemacht über die Planung und Gestaltung der Arbeitsplätze, die effiziente Beschaffung, Auswahl, Einstellung, Versetzung und Kündigung von Arbeitnehmern, die Organisation der Arbeitszeit, Urlaubs- und Krankheitsüberwachung. Berücksichtigt hat Goossens ebenfalls die Beschreibung der allgemeinen Personalverwaltungsaufgaben sowie die Information der MitarbeiterInnen, das betriebliche Vorschlagswesen und das Berichtswesen. Besonders hervorheben möchten wir seine Auffassung, dass die Personalfunktion Teil der Unternehmensleitung sein muss. Zu Herzen nehmen sollten sich die heutigen Führungskräfte Goossens unmissverständlichen Standpunkt über die Aufgaben der Personalführung durch die Vorgesetzten (Goossens, 1959).

Zu Recht kann man behaupten, dass seine Konzepte und Ideen für die nachfolgenden Wissenschaftler genug Stoff lieferten, um weitere Forschungsprojekte darauf aufzubauen.

Eduard Gaugler ein fast vergessener. In einem Nachruf der Universität Mannheim erhält der Leser einen komprimierten Überblick über die für das Personalwesen prägenden Themenschwerpunkte, die Eduard Gaugler den Ruf eines anerkannten Experten einbrachten. Die WirtschaftsWoche nannte ihn den „Personalpapst" (Bär, 2014). Seine Werke, die für das Personalwesen Nutzen stiften, umfassen „Die Verantwortung der Unternehmensleitung für die Mitarbeiter im Betrieb", „Gegenwartsprobleme und Zukunftsperspektiven betrieblicher Sozialleistungen", „Handwörterbuch des Personalwesens", „Die menschliche Arbeit in der Wirtschaft/Eduard Gaugler", „Einführung in das betriebliche Personalwesen: Grundlagen d. Personalarbeit", „Herausforderungen an das Personalmanagement in Gegenwart und Zukunft", „Betriebliche Weiterbildung als Führungsaufgabe: zum 80. Geburtstag von August Marx" (DeutscheDigitaleBibliothek, kein Datum).

Prof. Dr. Rolf Wunderer ein weiterer deutscher Pionier, der mit seinen Ideen und Konzepten das Personalmanagement ständig weiterentwickelte. Bereits in den 1970er Jahren untersuchte er die Struktur und Bedeutung des Personalwesens sowie die Anforderungen an einen Personalleiter, vermutlich inspiriert durch Goossens Ausführungen. Wunderer trennte die Bezeichnung Personalarbeit von der Institution Personalwesen. Wirkliche Spuren hinterließen seine Vorschläge, das Personalmanagement als Wertschöpfungscenter in die Unternehmensorganisation zu integrieren. Ferner seine im Jahr 2007 erstellten Prognosen und Herausforderungen bis zum Jahr 2010, die er auf einer empirischen Bestandsanalyse entwickelte. Heute im Jahre 2025 muss man sich ernsthaft die Frage stellen, was die PersonalmanagerInnen aus diesen Erkenntnissen gemacht haben?

Prof. Dr. Christian Scholz, ein Name, vor dem ich als kleiner Personalreferent große Ehrfurcht hatte. Verschlungen habe ich seine Veröffentlichungen in der Zeitschrift für Personalforschung (ZfP). Prof. Scholz beschäftigte sich bereits um die Jahrtausendwende mit den Vorzügen von virtuellen Teams und schuf dabei die Begriffe „Darwiportunismus" und „Spieler ohne Stammplatzgarantie". Mit der Erfindung der Saarbrücker Formel schaffte Prof. Scholz einen Ansatz zur Berechnung des Human Capital, der allerdings in der Praxis nicht zum Tragen kam, da man herausfand, dass es nicht machbar sei. Seine Lehrbücher zum Personalmanagement sind sowohl für Studierende als auch für Personalmanager und Führungskräfte ein wichtiger Lesestoff. Unbedingt empfehlenswert für die heutigen Personalverantwortlichen, die lieber mit Sonnenscheinthemen flirten als mit den Hardcore-Grundlagen. Erwähnenswert ist ein weiteres wichtiges Buch, das Prof. Scholz zur Generation Z veröffentlicht hat. Bereits im Jahr 2014 beschäftigte sich Scholz mit den Vor- und Nachteilen dieser Generation und rät Unternehmen zu einem generationsübergreifenden Dialog.

In einem emotionalen Beitrag würdigt Reiner Straub, Herausgeber des Personalmagazins, die herausragenden Arbeiten von Christian Scholz, der im Jahre 2019 viel zu früh verstorben ist. Reiner Straub nennt Christian Scholz in seinem Beitrag einen Querdenker mit unglaublichem Schaffenswerk (Straub, 2019).

Erich Potthoff. Er war mehr Betriebs- und Wirtschaftswissenschaftler als Experte für das Personalwesen. Wir halten es dennoch für wichtig, Potthoff zu erwähnen, denn in seiner Schrift zeigt er auf, dass der Mensch nicht nur ein einzelner Produktionsfaktor ist, sondern Teil eines komplexen Systems. Ohne den Menschen könnte ein Betrieb seinen wirtschaftlichen Zweck nicht erfüllen (Potthoff, 1974).

Helmut Schlüter, der gleichnamige Erfinder der Schlüter-Formel zur Berechnung der Fluktuationsrate. Weitere Informationen zum Erfinder konnten im Netz leider nicht recherchiert werden.

Wilhelm Haller. Er wird der Vater und Erfinder der Gleitzeit genannt. Haller entwickelte Konzepte für die Gleitzeit, die variable Arbeitszeit und die Jahresarbeitszeit. Damit gab er sich aber nicht zufrieden und entwickelte zudem die ersten Zeiterfassungsgeräte, danach die ersten PC-basierten Zeiterfassungssysteme. Haller gründete die Firma Interflex Datensysteme. Unter den PersonalmanagerInnen ist der Name Interflex mit Sicherheit ein Begriff. Beschrieben wird Haller als radikaler Denker, der trotz seines „Rufs" in der Wirtschaft hoch anerkannt war (RedaktionHRPerformance(lb), 2023)

Dave Ulrich. Man kennt ihn in der Personal-Community. Dave Ulrich, der Erfinder des Business-Partner-Models, das im HR-Bereich wirkliche Spuren hinterlassen hat. Mit seiner Idee hat er das Personalwesen, im positiven Sinne, durchgeschüttelt und zum Nachdenken gebracht. Sicherlich auch die eine oder andere wichtige Veränderung im Personalwesen angestoßen. Dave Ulrich veröffentlicht in den sozialen Medien regelmäßig Updates über die Anforderungen an einen HR-Business-Partner sowie über neue Anpassungen seines Models.

Peter Drucker. Ein Name, der an dieser Stelle durchaus als Influencer stehen kann. Denn Peter Drucker ist der Erfinder des Managements by Objectives, dem Zielvereinbarungsprozess. Ein Beurteilungssystem, das zu den klassischen HR-Instrumenten zählt und in jedem Unternehmen fest etabliert ist. Ein Instrument, das sowohl für die Entgeltfindung als auch für die Personalentwicklung nützliche Informationen liefert.

Höchstwahrscheinlich vermissen Sie einige Namen, speziell aus den letzten Jahrzehnten, die Ihrer Meinung nach ebenfalls die Personalarbeit maßgeblich geprägt haben. Namen von Personalmanagern oder

CHRO, oder Persönlichkeiten aus Forschung und Wissenschaft, die ebenso auf das Podest gehören.

Für uns war es wichtig, diejenigen zu würdigen, die mit ihren Konzepten als Vordenker oder Querdenker das Personalwesen auf ein neues Niveau gehoben haben, ganzheitlich und nachhaltig. Bewusst haben wir darauf verzichtet, HR-Personen aufzuführen, die im Rahmen ihrer Funktion ein Best-Practice-Beispiel geliefert haben, oder aufgrund ihrer exzeptionellen Position im Unternehmen. Obwohl gerade für diese Menschen die Bezeichnung Influencer besser passen würde. Regelmäßig trifft man sie mit wertvollen Beiträgen auf den sozialen Plattformen mit Tausenden von Followern.

5.2 Die Verbände

Die Anzahl der Verbände, von deren Arbeit die Personalmanager profitieren, ist sehr überschaubar. Genau zwei starke Organisationen unterstützen die HR-ExpertInnen. Die Deutsche Gesellschaft für Personalführung (DGFP) und der Bundesverband der Personalmanager (BPM). Die DGFP ist der älteste Verband und wurde vor über 70 Jahren gegründet.

Dass sich die DGFP heute als größtes und ältestes HR-Kompetenz- und Karrierenetzwerk bezeichnen kann, liegt nicht zuletzt an einer kontinuierlichen Weiterentwicklung der Organisation. Nach vielen Auf und -Umbrüchen kann die DGFP heute den Wandel der Arbeitswelt in Deutschland mitgestalten – von ihrem neuen Hauptsitz in Berlin aus. Als PersonalerIn war es ein Privileg im Verband der DGFP zu sein. Stolz sein durfte man, wenn das Unternehmen die Weiterbildungsangebote der DGFP unterstützte. Heute bietet der Verband den Personalverantwortlichen ein enormes Netzwerk, anspruchsvolle und qualitativ hochwertige Veranstaltungen sowie die Möglichkeiten zum Erfahrungsaustausch auch digital.

Der zweite Verband hat sich nicht zuletzt in den Phasen des Niedergangs der DGFP gegründet, da viele PersonalerInnen, das Gefühl hatten, dort nicht mehr richtig vertreten zu werden. Der BPM (Bundesverband der Personalmanager). Beide Verbände verfolgen nahezu dieselben Ziele, ein Netzwerk aufzubauen und zu erweitern, wo sich die HR-Ex-

pertInnen auf zahlreichen Formaten austauschen können, wie Wissensvermittlung und wissenschaftliche Studien zu relevanten Themen rund
um die Arbeitswelt.

Ein Höhepunkt für jeden PersonalerIn ist der jährlich stattfindende
HR-Kongress in Berlin. Ein exklusives Ambiente und hochrangige
Redner aus Wirtschaft und Politik sprechen über aktuelle HR-Trends.
Zusätzlich ermöglicht der Kongress regen Austausch zwischen den
TeilnehmerInnen. Obwohl beide Verbände keine wesentlichen Unter-
scheidungsmerkmale zeigen weder in seiner Zielsetzung noch in seiner
Struktur, zeigt der BPM auf seiner Webseite ein frischeres und moder-
neres Erscheinungsbild.

5.3   Die etwas anderen Influencer

Die Erfinder von technischen Lösungen, die dazu beigetragen haben,
die Monotonie sowie den administrativen Aufwand in der Personalabteilung zu reduzieren. Zunächst waren es die computergestützten Ab-
rechnungssysteme, die dafür sorgen sollten, dass die MitarbeiterInnen
eine fehlerfreie Lohn- und Gehaltsabrechnung erhielten. Es hat Jahre
gedauert, bis dieser Zustand erreicht wurde. Mit der Einführung der
elektronischen Zeiterfassung, die das manuelle Auswerten der Stempel-
karten ersetzte, war es möglich, weitere langweilige administrative Arbeiten zu reduzieren (RedaktionHRPerformance(lb), 2023).

Im Laufe der Jahre ist die Technik immer weiter fortgeschritten, sodass die Anzahl der Softwareanbieter zunahm. Die Integration von zusätzlichen Modulen erweiterte die bestehende Systemlandschaft, und
die Anbieter sind heute in der Lage, Komplettlösungen anzubieten.
Vom Bewerbermanagement bis zum Offboarding und Self-Service übernehmen heute Maschinen lästige Routinearbeiten.

Hinzu kamen Anbieter von online-basierten Messinstrumenten, die
dem Personalbereich ermöglichen, Schwachstellen in der Organisation
aufzudecken und Optimierungsmaßnahmen vorschlagen, vorzugsweise
im Bereich Mitarbeiterzufriedenheits-Analysen, Engagement-Analy-
sen, Kulturanalysen oder Analyse über die Führungskultur. ChatGPT,

künstliche Intelligenz, der Einsatz von virtuellen Assistenten bieten wiederum ein unglaubliches Potenzial, nicht wertschöpfende Tätigkeiten weiter zu eliminieren. Wieder ist es die Technik, die HR verändert. Die wirklichen Beeinflusser kann sie allerdings nicht ersetzen, die Menschen.

5.4 Die wirklich wichtigen Influencer

Es sind diejenigen, die entscheiden. Es ist der CEO, der GeschäftsführerIn oder UnternehmenseigentümerIn. Sie haben die Macht, zu entscheiden, welche Rolle die HR-Funktion im Unternehmen spielt. Sie entscheiden, ob das Personalwesen ein zahnloser Tiger ist, oder Freiraum, Mittel und Befugnisse erhält, Veränderungen auch gegen den Willen von KollegInnen durchzusetzen.

Neben den Entscheidern gehören ArbeitnehmervertreterInnen zu den wichtigen Influencern. Schon mancher Personalvorstand hat sich an renitenten Charakteren die Zähne ausgebissen und musste das Unternehmen verlassen. Per Gesetz haben sie die Macht, die Personalarbeit zu beeinflussen.

Fazit
Durch die Unterstützung vieler kluger Köpfe aus Wissenschaft und Praxis, der Arbeit in den Verbänden, Trendforschern und der Technik ist es gelungen, die Personalarbeit, die Personalorganisation und die Stellung der Personalverantwortlichen ständig weiterzuentwickeln. Wie von einem Büfett kann sich das Personalwesen aus der Vielzahl von guten Ideen bedienen. Ich denke, jetzt ist die Zeit gekommen, dass die HR-Funktion selbst in den Kreis der Influencer aufsteigt. Sie muss die eigene Transformation zum Business-Partner vorantreiben. Ferner, die Zukunftsthemen zielgerichtet auswählen und an der Wertschöpfungskette, dem Business-Life-Cycle, entsprechend umsetzen. Der Personalfunktion muss bewusst sein, dass die Zukunft nicht den Verwaltungsexperten gehört.

Literatur

Bär, K. (16. April 2014). Trauer um Experten für Personalwesen und ehemaligen Universitätsrektor Professor Eduard Gaugler. https://idw-online.de/de/news?print=1&id=583173. Zugegriffen: 22. Jan. 2025.

DeutscheDigitaleBibliothek. (kein Datum). www.deutsche-digitale-bibliothek.de: https://www.deutsche-digitale-bibliothek.de/searchresults?query=affiliate_fct_role_normdata%3A%28%22http%3A%2F%2Fd-nb.info%2Fgnd%2F119165406_1_affiliate_fct_involved%22%29&isThumbnailFiltered=false&viewType=list. Zugegriffen: 22. Jan. 2025.

Goossens, F. (1959). *Handbuch der Personalleitung. Personalorganisation und Personalführung*. Verlag Moderne Industrie.

Potthoff, E. (1974). *Betriebliches Personalwesen*. Walter de Gruyter & Co.

RedaktionHRPerformance(lb). (28. Juni 2023). Wie HR Software HR veränderte – ein Rückblick. https://www.hrperformance-online.de/fachbeitraege/hr-management/wie-hr-software-hr-veraenderte-ein-rueckblick/. Zugegriffen: 23. Jan. 2025.

Straub, R. (09. Oktober 2019). Professor Dr. Christian Scholz ist tot. (haufe.de, Hrsg.). https://www.haufe.de/personal/personalszene/zum-tode-von-christian-scholz_74_501548.html. Zugegriffen: 20. Jan. 2025.

6

Zukunft mit oder ohne HR?

Zusammenfassung Um eine Antwort zu finden auf die Frage: Zukunft mit oder ohne HR? haben wir zunächst einen aufmerksamen Blick auf die Dauerkritik geworfen, unter die HR seit Jahren steht, dann haben wir uns mit den zukünftigen Herausforderungen auseinandergesetzt, die von Instituten und Trendforschern, im Wechsel der Jahre wiederholt prognostiziert wurden, danach gehen wir der Frage nach, welche Veränderungen das Personalwesen in den vergangenen Jahren tatsächlich umgesetzt hat und warum HR eine Neuausrichtung benötigt.

6.1 HR in der Dauerkritik

Erstaunlich ist, dass es keine Veröffentlichungen zu lesen gibt, die die Daseinsberechtigung des Qualitätswesens, des Finanzbereichs oder des Supply Chains infrage stellen. Obwohl Abläufe, speziell in diesen Bereichen, stark von der Digitalisierung betroffen sind und zukünftig Maschinen viele manuelle Arbeiten übernehmen und somit die Arbeitsprozesse verschlanken. Warum muss also der HR-Bereich seit Jahren immer

D. Dull und U. L. Zischewski, *HR – vom administrativen Experten zum strategischen Business-Partner*, https://doi.org/10.1007/978-3-658-47871-1_6

wieder seine Daseinsberechtigung unter Beweis stellen und steht bei den Fachbereichen in Dauerkritik?

Scheinbar gehört HR-Bashing zu einem Ventil, das Führungskräfte gerne nutzen, um Dampf abzulassen (Schaefer, 2023). Die eigenen Führungsschwächen können somit wunderbar auf das Personalwesen projiziert werden. Hoher Krankenstand, hohe Fluktuation: HR bitte kümmern. Zu wenig Personal: HR zu langsam und zu bürokratisch. Personalentwicklung und Weiterbildung: Fehlende Konzepte. Mitarbeitermotivation am Boden: HR bitte Lösungen vorbereiten. In die Kette der Vorwürfe gesellen sich Aussagen, dass HR das Business nicht versteht und keine Ahnung von Wertschöpfung hat (Schaefer, 2023). Ganz unbegründet sind diese Vorwürfe nicht.

Was wir, während unserer langjährigen Karriere im Personalwesen feststellten, ist, dass die größten Kritiker liebend gerne die Aufgaben der HR-Arbeit übernehmen würden. Denn Personal kann doch jeder.

Eine Erfahrung, die Olaf Schaefer (2023) bei seinem Antritt als Personalleiter erfahren durfte, als der Werksleiter zu ihm sagte: „Die einzige fachfremde Aufgabe, die er sich auch gut vorstellen könnte, wäre mein neuer Job". Ein ähnliches Erlebnis hatte der Co-Autor dieses Buches, Ulrich Zischewski bei einer persönlichen Antrittsvorstellung bei den neuen Kollegen in einem Teil-Konzern mit 6000 Mitarbeitern: „Was wollen Sie denn! Personalleiter? Haben wir hier noch nie zu Gesicht bekommen! Machen wir selbst".

Mit Sicherheit ist, die eine oder andere Kritik berechtigt und das HR-Team muss endlich den Pool der Verwaltungsaufgaben anders lösen die auch in der neuen Arbeitswelt eher zunehmen als abnehmen.

Sonst findet die Zukunft ohne HR statt.

Allerdings zeigen ständig neue Studien gebetsmühlenartig, dass die HR-Funktion oder besser gesagt, das HR-Management zukünftig eine wichtige Rolle für den Erfolg des Unternehmens spielt? Keiner hat während der globalen Finanzkrise im Jahre 2008 daran gezweifelt, als das Personalwesen Hunderte MitarbeiterInnen aufgrund der zurückgegangenen Umsätze entlassen musste. Oder als die Unternehmen im Jahre 2020 von der Wucht der COVID-19 Krise getroffen wurden, war es das Personalwesen, das dafür gesorgt hat, dass die Menschen weiterarbeiten konnten. Über Nacht haben sie das Konzept Home-Office umgesetzt, die Kommunikation mit den MitarbeiterInnen im Lockdown gesichert, virtuelle Events organisiert, Hygienevorschriften verfasst und verbreitet, die Führungskräfte beim Führen im Home-Office unterstützt. Später kam das Thema mit dem Impfstatus hinzu. Akribisch dokumentierten sie den Impfstatus der MitarbeiterInnen. Und so ganz nebenbei produzierten die HR-Leader neue Arbeitszeit-Konzepte, um das Momentum Home-Office nicht zu verlieren.

An strategischen Aufgaben zu arbeiten, dafür blieb keine Zeit. Nach der Pandemie kehrte der Alltag zurück, und es ist nicht verwunderlich, dass die Arbeitsbelastung zunahm. Insbesondere ist der Zeitaufwand für Verwaltungsaufgaben laut einer Sage-Studie im Jahr 2023 nach der Pandemie gestiegen. Erfreulich zu sehen ist, dass das Personalwesen trotzdem an vielen neuen Konzepten weitergearbeitet hat. Durch den Einsatz von digitalen Tools hat sich der Recruiting-Prozess verbessert. Hauptsächlich in Bezug auf den Administrationsaufwand, der mit der Personalbeschaffung verbunden ist, wie Eingangsbestätigungen verschicken, Einladungen zum Vorstellungsgespräch oder Absagen verfassen. Andererseits beklagen viele BewerberInnen den Interview- und Entscheidungsprozess, wie man auf den sozialen Plattformen häufig zu lesen bekommt. Kritisiert wird, dass das Interview eher einem Verhör gleicht als einem Dialog auf Augenhöhe, dass die Interviewfragen dermaßen altmodisch sind und die BewerberInnen das Interview fast als Beleidigung empfinden, speziell die jüngere Generation. Die erfahrenen Bewerberinnen dagegen fühlen sich nicht wertschätzend behandelt. Vermisst werden Empathie und eine persönliche Note beim Absageschreiben, und dass die Zeitspanne zwischen Interview und dem nächsten Prozessschritt inakzeptabel ist.

Lobend erwähnen darf man, dass die HR-Funktion nach der Pandemie kontinuierlich neue flexible Arbeitszeitmodelle ausgearbeitet und umgesetzt hat, was ein Teilelement des New-Work-Ansatzes ist. Die Umsetzung weiterer New-Work-Praktiken ist nach meinem Empfinden in den Babyschuhen stecken geblieben oder eher rückläufig. Ein möglicher Grund könnte die schwierige wirtschaftliche Lage sein, in der viele Unternehmen derzeit stecken, und andere Probleme den Tagesablauf der Unternehmensentscheider bestimmen. Das wiederum bestätigt unsere Hypothese, dass HR-Praktiken entsprechend mit dem Business-Life-Cycle korrespondieren müssen (sieh Kap. 5).

Trotz aller Bemühungen seitens der HR-Funktion bewerte ich die beschriebenen Veränderungen eher als Trippelschritte anstatt Siebenmeilenstiefel. Ich werde Ihnen auch erklären, warum. Seit dem Jahr 2018, das war das Jahr, in dem ich aus dem operativen Geschäft ausgestiegen bin, verfolge ich interessiert, Aussagen von Trendforschern oder bekannten Instituten über *die Herausforderungen* für die zukünftige Arbeitswelt, die gravierend auf die Ausgestaltung des Personalmanagements wirken.

6.2   Die Herausforderungen

Im Oktober 2018 untersuchte das Karrierenetzwerk XING zusammen mit dem Trendforscher Peter Wippermann, welche Trends die Arbeitswelt in 15 Jahren prägen. An der Befragung nahmen 1400 Personen teil, die aus Xing-Mitgliedern und Personaler aus dem Netzwerk bestand. Das Ergebnis teilten sie in die Kategorie Berufstätige, Unternehmen, Gesellschaft und Politik. Nachstehend eine von mir erstellte Kurzversion der Ergebnisse:

Bezogen auf die MitarbeiterInnen ergeben sich *New Careers* mit neuen Berufsbildern, häufigere Jobwechsel, *Gig Working,* flexible Arbeitsformen, *Brain Recovery*, mehr und längere Auszeiten, um sich vom mentalen Stress zu erholen, *Work-Life-Separation,* die Trennung von Arbeit und Freizeit, *Silver Worker,* mehr rüstige Rentner ins Unternehmen holen.

Für die Unternehmen identifizierten die Befragten Trends wie *Robo-Recruiting,* künstliche Intelligenz für die Recruiting-Bereiche einsetzen, *Cultural Fit,* die Unternehmenskultur wird zum Entscheidungsfaktor für BewerberInnen, *Power of Diversity,* die Vielfalt im Unternehmen konsequent durchsetzen, *Coworking-Places,* flexible Arbeitsorte anbieten, *Selfmanagement,* mehr Autonomie und Entscheidungsfreiheit.

Für Gesellschaft und Politik, *Digital Education,* altes Wissen „entlernen", um neues Wissen zu erlernen, *Workplace-Wellbeing,* nachhaltiges Gesundheitsmanagement, *Gender-Equality* ist anzustreben, *Basic Income,* Grundeinkommen garantieren, *Digital Ethics* (Speck, 2019).

Der Bundesverband der Personalmanager veröffentlichte in seiner Ausgabe vom Februar/März 2018 acht HR Trends, auf die auf die Personalmanager zukommen:

1. *„Future proof" mit Arbeit 4.0 die Organisation der Zukunft schaffen.* Der Personalmanager ist als agiler Coach gefordert, die neue Zusammenarbeit zwischen virtuellen Teams und Freelancern zu moderieren. Hinter dem Begriff Arbeit 4.0 verstecken sich Vielfalt und Inklusion.
2. *Flexibles Arbeiten braucht transparente Arbeitsbedingungen.* Rahmenbedingungen schaffen für Home-Office, Jobsharing, Sabbaticals, aus Teilzeit zu Vollzeit und umgekehrt.
3. *People Analytics – digitale Datenanalyse.* Weiterbildung in Analysetechniken anbieten. Neue Berufsbilder schaffen.
4. *Vergütungstransparenz sicherstellen und das Gender Pay Gap schließen.*
5. *Einen Pakt für digitale Bildung.* Die Personalmanager sind aufgerufen, ein „Lernen in Echtzeit" zu ermöglichen, eine lernende Organisation zu formen. Genannt wurden auch lifelong learning, individuelle Weiterbildung und blended learning.
6. *Zusammenarbeit mit dem Betriebsrat.* Den Betriebsrat frühzeitig einbinden in den anstehenden Veränderungen.
7. *Future of Recruiting – BewerberInnen werden zu Kunden.* Verbesserung des Bewerberprozesses
8. *Wird der Personalmanager zum Bot?* Digitale HR der Zukunft. Der Einsatz von Chatbots.

Weiter geht es mit dem Blick in die Glaskugel, den verschiedene Wissenschaftler, Autoren und Institute nicht scheuten, um HR-Trends für das Jahr 2020 zu prognostizierten.

Auf die Agenda der Personalverantwortlichen setzte Annette Speck (2020) in ihrem Online-Artikel: *HR-Analytics, Künstliche Intelligenz, Mitarbeiter-Engagement* und *New Work/New Leadership.*

Erheblich umfangreicher fiel die Einschätzung von führenden Wirtschaftsgrößen aus, die gleichzeitig nützliche Tipps für die Umsetzung lieferten. Ferner verweisen die Herausgeber des Buches HR-Trends

2020 auf wissenschaftliche Studien, die ihre Erkenntnisse untermauern. Zu den Fokusthemen zählen sie *HR-Agilität:* Führung und Transformation. Konkret gemeint sind die Flexibilisierung von Arbeitszeit und -ort und agiles Personalmanagement. *HR-Arbeit 4.0:* New Work und innovative Organisation, *HR-Analytics:* Künstliche Intelligenz und neue Technologien, *HR-Recruiting:* Talent-Management und digitale Bildung (Schwuchow & Gutmann, 2019).

Die Sage-Studie „HR im Wandel – Ausblick auf 2024". Die Umfrage richtete sich an über 1000 PersonalleiterInnen und Geschäftsführer von kleinen bis mittelständischen Unternehmen. Die Befragten wurden gebeten, zu beurteilen, wo sie zukünftig ihre Arbeitsschwerpunkte sehen. Insgesamt nannte das HR-Team 13 Schwerpunkte, leider ohne genauere Erklärung und Zielsetzung.

1. Strategische Planung
2. Datengestützte Entscheidungsfindung
3. Mitarbeiterengagement und -erfahrung
4. Mitarbeitergespräche
5. Externe Kommunikation
6. Agilität des Unternehmens fördern
7. Diversity und Inklusion
8. Personalstrategie umsetzen
9. Mitarbeiterbindung
10. Neue Mitarbeitende anwerben
11. Flexible Arbeitszeitgenregelung
12. Persönliche Karriereentwicklung
13. Digitale Transformation

Erstaunt haben uns die Aussagen von 68 % der Befragten, die angegeben haben, dass über die Hälfte der HR-Prozesse in ihrem Unternehmen automatisiert ist. Besonders stolz berichtet Sage, dass die befragten HR-Teams nicht nur Daten sammeln, sondern auch analysieren und die Anzahl der HR-Metriken in den vergangenen Jahren gravierend zugenommen hat. Dabei ist nicht die Menge von Metriken entscheidend, sondern welches Instrument zum Einsatz kam, wie die Berechnung erfolgte und welches Problem die Organisation mit dem Messwert lösen kann. Noch ein ganzes Stück weg von einem People-Analytics Ansatz.

Den Befragten ist bewusst, dass sich durch den Einsatz von Technologien im HR-Bereich ihre Rolle erheblich verändern wird, und hoffen, mehr Zeit für strategisches Arbeiten zu haben (Priebe, 2023).

Die wichtigsten HR-Schwerpunkte für das Jahr 2025. Gartner befragte 1400 Personalleiter und kam zu folgendem Ergebnis, das nachfolgend auszugsweise wiedergegeben wird:

1. *Entwicklung von Führungskräften und Managern.*
   75 % der interviewten Personalleiterinnen sind überzeugt, dass die Manager überfordert sind, während 70 % angeben, dass ihre aktuellen Führungsprogramme die Manager nicht auf die Zukunft vorbereiten.
   Vorgeschlagene Maßnahme: Einführen eines kontinuierlichen Entwicklungsmodells, das seinen Schwerpunkt auf praktisches Lernen anhand realer Herausforderungen legt.
2. *Unternehmenskultur*
   Gemäß der Umfrage sind 57 % der PersonalleiterInnen der Meinung, dass Manager die Unternehmenskultur nicht durchsetzen, während 53 % sagen, dass sich Führungskräfte nicht dafür verantwortlich fühlen, kulturelle Werte zu demonstrieren.
   Vorgeschlagene Maßnahme: Personalleiter müssen die Verhaltensweisen, die die gewünschte Kultur unterstützen, klar kommunizieren und alle Führungsebenen für die Demonstration dieser Werte zur Verantwortung ziehen.
3. *Strategische Belegschaftsplanung*
   Lediglich 15 % der Unternehmen betreiben eine strategische Belegschaftsplanung. Dadurch entsteht eine erhebliche Lücke in der HR-Fähigkeit, Talente mit langfristigen Geschäftszielen in Einklang zu bringen.
   Vorgeschlagene Maßnahme: Implementieren eines schrittweisen, fähigkeitsorientierten Ansatzes zur Belegschaftsplanung.
4. *Change-Management*
   73 % der befragten PersonalleiterInnen geben an, dass ihre Mitarbeiter unter Veränderungsermüdung leiden. Ebenso stimmen 74 % zu,

dass Manager nicht ausreichend darauf vorbereitet sind, Veränderungen anzuleiten, was die Transformationsbemühungen zusätzlich erschwert.

Vorgeschlagene Maßnahme: Bauen Sie die Change-Management-Fähigkeiten bei Ihren Führungskräften aus.

5. *HR-Technologie*

55 % der Personalleiter geben an, dass ihre aktuellen Technologien den sich entwickelnden Geschäftsanforderungen nicht gerecht werden, und 51 % können den ROI ihrer Technologieinvestitionen nicht messen.

Vorgeschlagene Maßnahme: Investieren in Technologien, die langfristigen Wert und Innovation bieten.

Den ausführlichen Artikel schrieben Passantino und Schroeder-O'Neal, (2024).

Die Liste der Herausforderungen ist lang, dennoch erscheint es uns als unumgänglich, diese, um weitere essenzielle Themenfelder anzureichern, die wir entnommen habe aus dem pwc Trend-Barometer (pricewaterhouseCoopers Gmbh): People-Management 2030, der in Zusammenarbeit mit der Universität St. Gallen, zustande gekommen ist.

Das Ergebnis aus dem Trend-Barometer zeigt einmal mehr, dass die strategische Bedeutung des People-Managements in den nächsten Jahren steigt. Die befragten HR-Experten bewerten für das Jahr 2030 die Wichtigkeit verschiedener Aufgabenfelder. An oberster Stelle steht das *Rekrutieren und die Personalauswahl,* gefolgt von *Mitarbeiterqualifizierung* und *Kompetenzmanagement, Transformation- und Change-Management.* Auf Position vier und fünf der Wichtigkeitsskala stehen *Leadership-Development* und *Daten- und Technologiemanagement.*

Im Vergleich zu den Ergebnissen der Vorjahre sehen die Befragten, dass das Gehalts- und Belohnungssystem, die Entwicklungs- und Laufbahngestaltung, das Employer Branding und Talentmanagement an Bedeutung zunehmen. Weniger erfreulich ist die Tatsache, dass sich die HR-ExpertInnen schlecht vorbereitet fühlen auf die wichtigen Themenfelder wie Datenmanagement, Transformations- und Change-Management, Entwicklungs- und Laufbahngestaltung, Employer-Branding,

Entwicklung von Gehalts- und Belohnungssystemen, Kulturentwicklung und Employee-Experience. Ferner, dass die Weiterentwicklung des New-Work-Konzepts stecken geblieben ist, sogar rückläufige Tendenzen aufzeigt (Bruch et al., 2022). Es fehlt an der Umsetzungskompetenz und der Konsequenz, wie so oft bei neuen Methoden.

In keiner der aufgeführten Trend-Analysen tauchen die Themen Nachhaltigkeit, Compliance, Leistungskultur, Well-Being (Gesundheitsfürsorge) auf. An dem Thema Nachhaltigkeit in Verbindung mit CSR (Corporate Social Responsibility) und ESG (Environment, Social, Governance) kommt zukünftig kein HR vorbei. Der Druck wird von allen Seiten kommen, HR-Konzepte zu entwickeln, die den Nachhaltigkeitsgedanken berücksichtigen (HRWorksRedaktion, 2022).

Der Punkt Leistungskultur ist zwar bis jetzt nicht an oberster Stelle der Liste von Herausforderungen angekommen, was sich aber rasch ändern kann. Die Schwerpunkte Compliance und Well-Being findet man als Teilmenge im Nachhaltigkeitskonzept.

An dieser Stelle erscheint es uns nun sinnvoll, ein Resümee zu ziehen und auf die Anfangsfrage zurückzukommen: „Zukunft mit oder ohne HR"? Ferner eine Antwort zu geben, warum wir die bis jetzt umgesetzten Veränderungen eher für Trippelschritte halte.

Seit Jahren steht die HR-Funktion in der Dauerkritik, teilweise berechtigt, teilweise aber auch nicht, da von außen oft nicht ersichtlich ist, welchem Bürokratismus das Personalwesen per Gesetz verpflichtet ist. Die HR-Experten erwarten Entlastung durch den Einsatz von KI und der Digitalisierung, sodass sie endlich Freiraum bekommen, an strategischen Themen zu arbeiten und somit als anerkannter Business-Partner im Unternehmen nicht mehr um Anerkennung ringen müssen.

Resümiert man die lange Liste der Aufgaben von A – Z (siehe Abschn. 2.1), die Aufgaben, die sich aus den strategischen HR-Kernprozessen für das Personalwesen ergeben (siehe Kap. 3), die prognostizierten Herausforderungen, die in diesem Kapitel vorgestellt wurden und unserem Ansatz, der das Personalwesen auffordert, nach dem Business-Life-Cycle zu agieren, kreiert das mehr Fragezeichen auf der Stirn als ein eindeutiges „Ja", eine Zukunft ohne HR ist nicht möglich. Was von all dem ist denn tatsächlich in der Umsetzung? Natürlich kann man einwenden und argumentieren, dass es einige Doppelnennungen gibt zwischen den zukünftigen Herausforderungen sowie Überschneidungen zwischen den Themenfeldern und den Aufgaben aus den strategischen Prozessen oder den zukünftigen HR-Praktiken. Als Gegenargument, die meine Zweifel bestätigen, die Aussage von Prof. Dr. Thorsten Petry und Prof. Dr. Torsten Biemann im Rahmen einer Benchmarking-Studie zum Digitalisierungsgrad von HR im Jahr 2024:

> „In Summe zeigt die Studie zwar, dass das Thema im HR-Bereich angekommen ist, die meisten Unternehmen entsprechende Digitalisierungsaktivitäten gestartet und auch bereits Erfolge erzielt haben. Die Veränderungen und Fortschritte gegenüber 2022 sind aber äußerst gering – es geht nur sehr langsam und in kleinen Schritten voran, und es besteht nach wie vor eine größere Unzufriedenheit mit dem Status quo".

Die größten Barrieren, die den Digitalisierungsfortschritt bremsen, umfassen folgende Faktoren: mangelnde personelle und zeitlicher Ressourcen, fehlende strategische Priorisierung der verschiedenen HR-Aktivitäten, fehlende HR-Digitalisierungsziele (Petry & Biemann, 2024).

Passend dazu die Selbsteinschätzung von HR-ExpertInnen, die sich schlecht vorbereitet sehen, auf zukunftsrelevante Themenfelder wie Personalabbau, Employee-Experience, Transformations- und Change-Management, Datenmanagement, Entwicklungs- und Laufbahngestaltung, Employer Branding und Entwicklung von Gehalts- und Belohnungssystemen (Bruch et al., 2022).

In Ergänzung dazu einige kritische Auszüge aus der Sage-Studie „HR im Wandel – Ausblick auf 2024". Obwohl sie sich auf eine Zukunft voller Chancen freuen (91 %), zeigt sich auch eine alarmierend hohe Burnout-Rate von 79 %. Noch bedenklicher ist, dass fast 60 % der Befragten darüber nachdenken, den HR-Bereich ganz zu verlassen. 71 % der Personalleiter und 74 % der Geschäftsführer geben an, dass die Verwaltungsarbeit die HR-Arbeit dominiert.

Hinzu kommt, dass viele Geschäftsführer nicht erwarten, dass HR-ManagerInnen eine führende Rolle in Schlüsselbereichen wie der Personalplanung oder der Unternehmenskultur übernehmen. Sie betrachten HR immer noch als reine Verwaltungsfunktion.

Damit wäre alles gesagt.

Das Personalwesen in seiner jetzigen Form, mit seinen knappen Ressourcen, fehlenden technischen Know-how im eigenen Team, rudimentäre Investitionen in notwendige Technologien, wird nie in der Lage sein, alle Herausforderungen in einem angemessenen zeitlichen Rahmen zu meistern.

Es werden immer nur Trippelschritte bleiben oder Flickwerk. Dabei sind viele der genannten Herausforderungen von strategischer Natur und für die erfolgreiche Transformation der Unternehmen von enormer Wichtigkeit. Zudem ist es blauäugig zu glauben, dass sich der Verwaltungsaufwand durch den Einsatz von neuen Technologien so drastisch verringert, dass zukünftig mehr strategische Aufgaben übernommen werden können. Es werden neue Gesetze kommen, der Bürokratismus wird durch eine neue Vielfalt im Unternehmen ansteigen, man kann davon ausgehen, dass neue EU-Richtlinien kommen, Datenschutzverordnungen, Krisen etc. etc.

Und nun? Nichts tun ist keine Option, genauso wenig wie „weiter so". Wie kann es der HR-Funktion gelingen, die prognostizierten Herausforderungen zu meistern? Das ständige Lamentieren über fehlende Ressourcen und Geld ist nicht zielführend. Die verantwortlichen ManagerInnen in den Linien standen vor denselben Herausforderungen und haben sie gemeistert.

6.3 HR am Scheideweg – administrativer Experte oder strategischer Business-Partner? Wohin wollen Sie?

Die HR-Funktion muss sich neu organisieren und entsprechend qualifizieren, sonst passiert die Zukunft ohne sie und der ewige Ruf nach Anerkennung wird nie verhallen. Wobei meines Erachtens die Qualifikation noch entscheidender ist als eine neue Organisationsform. Am besten beides gleichzeitig umsetzen. Die Zeit drängt. Auf der Überholspur sind einige Fahrer unterwegs, die gerne jede Gelegenheit nutzen werden, das Personalwesen auf den Seitenstreifen zu drängen. Der Bundesverband der Personal ManagerInnen sieht die IT dabei als den größten

Konkurrenten und rät zu einer neuen Form der Zusammenarbeit. Denn nur gemeinsam gelingt der Aufbau einer reibungslosen Prozessarchitektur.

Das hat mich als ehemalige Personalverantwortliche motiviert, über eine neue Organisationsform nachzudenken, die ohne lähmenden Bürokratismus vorausschauende innovative Impulse setzt. Im Vordergrund der neuen Organisation stehen zwei Dinge, einmal die Verwaltungs- und Administrationsaufgaben sowie die strategischen Herausforderungen, die Change- und Transferprojekte. Somit geht es bei dieser Idee um die Erfüllung von sowohl als auch. Sowohl eine solide Basisarbeit zu liefern als auch agil, strategisch, digital und modern ausgerichtet zu sein.

Ich denke dabei an eine Zwei-Säulen-Organisation (siehe Abb. 6.1) anstelle einer Drei-Säulen-Organisation, wie von Dave Ulrich entwickelt. Im Prinzip nichts Neues, werden Sie denken. Ja und Nein ist meine Antwort. Eine Säule besteht aus einem Verwaltungs- und Administrationsteam mit fest angestellten MitarbeiterInnen. Ein Change-

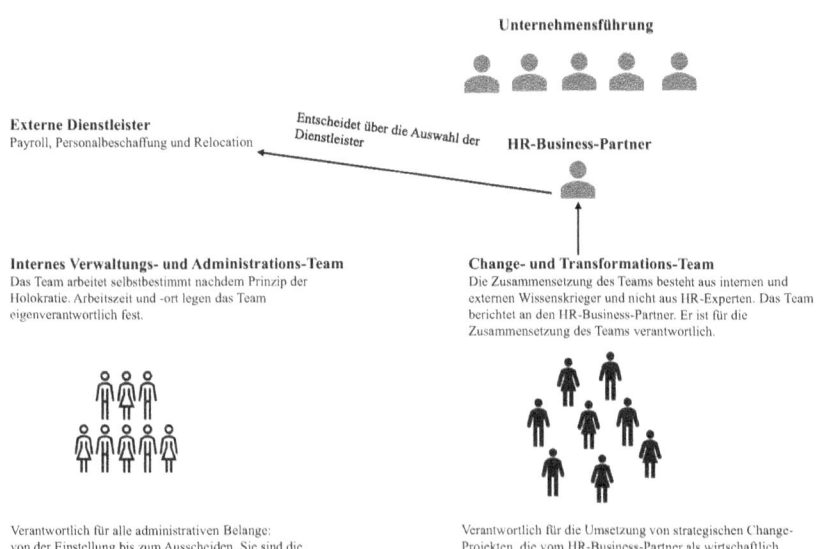

Abb 6.1 Zukünftige HR-Organisation. (Quelle: Eigene Darstellung)

und Transferteams mit wechselnden Teammitgliedern bildet die zweite Säule.

Das von mir entwickelte Konzept zeichnet sich dadurch aus, dass beide Teams den New Work-Ansatz konsequent verfolgen. Das Verwaltungs- und Administrations-Team bekommt die Möglichkeit in verschiedenen Teilzeit- oder Vollzeitmodellen zu arbeiten, im Home-Office, in einer Workation, Co-Working-Spaces oder wählt ein Hybrides-Arbeitszeitmodell. Das Aufgabegebiet ist durch stabile Routineabläufe gekennzeichnet und vermittelt Sicherheit. Es gibt keinen fixen Vorgesetzten. Das Team kann eine Person ihres Vertrauens bei Fragen oder Konfliktsituationen hinzuziehen, aber auch für ein Feedback-Gespräch.

Etwas anders gelagert ist die Organisation des Change- und Transformations-Teams. Die Teammitglieder kommen aus verschiedenen internen oder externen Funktionen und wechseln je nach Projektaufgabe. Arbeitszeit- und Ort können ebenfalls flexibel gestaltet werden, allerdings in Abstimmung mit dem Business-Partner, dem sie fachlich und disziplinarisch unterstellt sind. Das Aufgabegebiet besteht überwiegend aus der Bearbeitung von unterschiedlichen strategischen Projekten, von der Konzipierung bis zur Umsetzung. Der Business-Partner ist festes Mitglied der Geschäftsführung. Er ist verantwortlich für die Vergabe der Projektarbeiten und erteilt entsprechendes Feedback an die Teammitglieder. Mir ist bewusst, dass die Idee nicht revolutionär neu ist. Neu an dieser Idee ist, dass der Business-Partner ausschließlich strategisch arbeitet. Die genaue Ausformulierung des Konzepts liegt in den Händen der Unternehmen.

Aber auch diese neue Organisation wird fruchtlos bleiben, wenn dem Business-Partner die Macht und die Mittel verwehrt bleiben. Oder die HR-Funktion nicht nach dem Zitat von Dave Ulrich agiert: „HR dreht sich nicht um HR, sondern um Geschäftsergebnisse". Genau das will die Chefetage bei den HR-Projekten wissen: „Was bringt uns das?", „welches Problem lösen wir damit", und „was ist der return on investment" (ROI)? Aufgrund der angespannten wirtschaftlichen Lage sind solche Fakten wichtiger denn je für eine erfolgreiche Positionierung als Business-Partner. Und das fällt HR seit Jahren schwer, die HR-Aktivitäten in Euro zu beziffern. Die Personalfunktion muss zeigen, wo sie hilft, zur Wirtschaftlichkeit beizutragen. Es geht nicht darum, HR komplett in Zahlen zu verpacken, sondern den Wert so zu präsentieren, dass die Geschäftsführung versteht: „Wow, das zahlt sich aus."

Unser Bild eines zukünftigen HR-Business-Partners
- Die Transformation in der HR-Organisation beschleunigen,
- das Erlernen des strategischen Denkens,
- das Denken in Szenarien,
- Antizipieren,
- das Beherrschen der Ambidextrie
- das Entwickeln von politischem Geschick,
- Kosten-/Nutzen-Analyse von HR-Praktiken,
- Trends von Moden zu unterscheiden „Nice to have" oder „must do",
- Projektspezialist für komplexe und globale Projekte,
- Aufbau eines Expertennetzwerkes,
- Qualifizierung der Teammitglieder,
- kontinuierlich an der eigenen Qualifizierung arbeiten,
- Vertrauensverhältnis mit den Führungskräftekollegen aufbauen. Miteinander anstelle von Nebeneinander.

Anerkennung wird gelingen, wenn die HR-Funktion schnelle und gute Lösungen anbietet für die Probleme der Unternehmensführung, der Arbeitnehmervertretungen und für das Managementteam.

Abgesehen davon ist es auch eine Frage der Persönlichkeit des Einzelnen, das Machtstreben, das es Ihnen ermöglicht, in der Hierarchie nach oben zu kommen.

Fazit

Es gab schon immer Phasen, in denen das Personalwesen mal mehr oder weniger um seine Daseinsberechtigung fürchten musste. Nicht umsonst haben sich namhafte Menschen Gedanken gemacht und aufgezeigt, wie die Personalabteilung zur Wertschöpfung beitragen kann. Dabei ist eine Fülle von guten Ideen entstanden. Darunter neue Organisationsformen, strategische Handlungsfelder, moderne Führungstechniken, neue Methoden und Instrumente. Die jährlichen Prognosen oder Studien diverser Verbände und Institute sparen nicht, die Liste der Herausforderungen für das Personalwesen ständig zu erneuern, bevor es die Prognosen der Vorjahre auf die Agenda von HR geschafft haben, geschweige denn umgesetzt wurden. Quantensprünge sind bisher nicht erfolgt. Eher unstrukturiert, halbherzig und mehr oder weniger auf Druck der Unternehmensleitung hat es die eine oder andere „strategische" Veränderung geschafft, auf die Prioritätenlisten von HR zu kommen. Ob die Umsetzung dazu beigetragen hat, die Wertschöpfung messbar zu erhöhen, bleibt allenfalls zu hoffen.

Deshalb nimmt die Kritik an HR kontinuierlich und hartnäckig zu und viele Geschäftsführer bezweifeln, dass HR in Zukunft in wichtigen Schlüsselaufgaben eine strategische Rolle spielen wird. Dabei erleben wir gerade eine tektonische Verschiebung der Weltordnung, die nicht ohne Auswirkungen auf die Arbeitswelt bleibt. Der Wind of Change bläst kalte Luft in die Personalabteilung und HR muss jetzt handeln und darf sich nicht länger hinter Administrationsaufgaben verstecken. Zeigen Sie Mut und Entschlossenheit, die strategischen Herausforderungen anzugehen. Ansonsten bleibt der „seat on the table" für HR leer oder jemand anderes hat den Platz bekommen.

Literatur

Bruch, H., Lohmann, T. R., & Neu, M. (2022). Trend-Barometer: People-Management 2030. (P. G. schaftsprüfungsgesellschaft, Hrsg.) https://www.pwc.de/de/human-resources/trend-barometer-people-management-2030.pdf. Zugegriffen: 14. Jan. 2025.

HRWorksRedaktion. (14. 12. 2022). Nachhaltiges Personalmanagement: Wie Sie HR zukunftsfähig aufstellen. (HRWorks, Hrsg.) https://www.hrworks.de/news/nachhaltiges-personalmanagement/. Zugegriffen: 15. Jan. 2025.

Passantino, L., & Schroeder-O'Neal, M. (21. 10. 2024). *Gartner.de*. https://www.gartner.de/de/artikel/wichtigste-hr-schwerpunkte-fuer-das-jahr-2025. Zugegriffen: 10. Jan. 2025.

Petry, T., & Biemann, T. (12. 11. 2024). KMU mit Fortschritten bei der HR-Digitalisierung. *Haufe Personal*. https://www.haufe.de/personal/hr-management/studie-zur-digitalisierung-von-hr_80_635684.html. Zugegriffen: 15. Jan. 2025.

Priebe, F. (04. 04. 2023). *Sage.com.* https://www.sage.com/de-de/blog/hr-im-wandel-ausblick-auf-2024-wie-sehen-personalleiter-und-geschaftsfuhrer-die-zukunft-des-hr-managements-fy23/. Zugegriffen: 17. Jan. 2025.

Schaefer, O. (15. 12. 2023). HR-Bashing: Ein kritischer Blick auf die Kritik. (hr-recruitment.de, Hrsg.) https://hr-recruitment.de/blog/hr-abteilungen-in-kritik/. Zugegriffen: 11. Jan. 2025.

Schwuchow, K., & Gutmann, J. (2019). *HR-Trends 2020* (Bd. 1). (J. Gutmann, Hrsg.) Haufe-Lexware GmbJ & Co. KG.

Speck, A. (16. 01. 2019). Welche Trends die Arbeitswelt in 15 Jahren prägen. (Springerprofessional, Hrsg.) https://www.springerprofessional.de/change-management/transformation/welche-trends-die-arbeitswelt-in-15-jahren-praegen/16297526. Zugegriffen: 13. Jan. 2025.

Speck, A. (07. 01. 2020). Die großen HR-Trends des Jahres 2020. (Springerprofessional, Hrsg.) https://www.springerprofessional.de/personalentwicklung/fachkraeftemangel/die-grossen-hr-trends-des-jahres-2020-/17506706. Zugegriffen: 14. Jan. 2025.

The manufacturer's authorised representative in the EU is Springer
Nature Customer Service Centre GmbH, Europaplatz 3, 69115 Heidelberg,
Germany. If you have any concerns regarding our products, please
contact ProductSafety@springernature.com

Printed and bound by CPI Group (UK) Ltd, Croydon, CR0 4YY

24/04/2026

02096367-0007